LE GRAND LIVRE DES

TECHNIQUES DÉCORATIVES

LE GRAND LIVRE DES

TECHNIQUES DÉCORATIVES

FRANCE LOISIRS
123, boulevard de Grenelle, Paris

Titre original de cet ouvrage :
ENCICLOPEDIA DELLE TECNICHE DECORATIVE

Traduction-adaptation :
Marie-Christine Gamberini

ISBN : 2-7441-0368-3
N° éditeur : 27404
Dépôt légal : décembre 1997

Photocomposition : PFC, Dole
Imprimé en Espagne
D.L.TO:1049-1996

SOMMAIRE

INTRODUCTION

Très tôt, j'ai été attirée par les couleurs ; petite fille, je passais déjà des heures dans l'atelier où mon grand-père peignait ses tableaux. Mais, plus que la peinture en soi, c'est la possibilité de modifier mon cadre de vie – un rideau blanc, un vieux meuble, un mur trop nu – qui m'a toujours fascinée. Il me semble que le travail manuel est la seule activité qui permette de donner à ce point libre cours à son imagination et d'obtenir des gratifications aussi immédiates. Employer des matériaux neufs ou anciens en vue d'obtenir un effet particulier, élaborer de nouvelles méthodes pour patiner un décor et donner l'illusion qu'il a traversé les siècles, faire revivre un vieux meuble relégué au grenier depuis des années en le restaurant, représenter sur un mur un paysage imaginaire dans lequel on pourra pénétrer par la vue ou par l'esprit : tout cela doit moins s'envisager comme un travail que comme un jeu, stimulant et toujours renouvelé.
Ma rencontre avec Simonetta Perrone et Stefania Bonacelli m'a permis de concrétiser un vieux rêve : la création d'un centre où enseigner les différentes techniques de la peinture décorative et développer de nouvelles expériences créatrices. Depuis la naissance de notre *Accademia delle Arti Decorative*, j'ai pu constater à quel point la passion de la décoration est répandue. Ce livre s'adresse à tous ceux qui n'ont pas la possibilité de suivre nos cours, mais qui n'en souhaitent pas moins s'initier à la peinture en décors. Il se veut un outil pour aider le lecteur à aborder l'art de la décoration, en assimilant dans un premier temps ses notions fondamentales et en améliorant sa propre dextérité manuelle, pour s'acheminer ensuite vers des techniques plus complexes, d'une exécution plus délicate.
La première partie de cet ouvrage a ainsi une vocation essentiellement introductive : elle vise à fournir les bases indispensables pour s'attaquer à la décoration d'un objet ou d'un mur. Elle commence par une description détaillée des caractéristiques des divers matériaux, afin d'en permettre un choix judicieux et un usage optimal, puis propose une introduction à l'emploi de la couleur.

Sont ensuite abordées les différentes étapes de la préparation des surfaces à décorer. Une section particulière a par ailleurs été consacrée aux principales techniques de finition, qui visent à protéger le décor peint tout en lui conférant plus d'éclat ou un aspect ancien.
Un important chapitre sur l'ornementation traite de la mise au point du projet de décor et du dessin, du transfert ou du masquage des motifs, sans oublier de précieux « trucs » et conseils pour faciliter et accélérer le travail. Sont ensuite présentées les différentes phases de l'exécution des principaux motifs décoratifs d'origine européenne, avec une mise en garde particulière contre les erreurs les plus courantes à éviter.
Après avoir passé en revue ces aspects initiaux, le lecteur pourra plus aisément se plonger dans les différents styles de décor, introduits chacun par une brève parenthèse historique retraçant leur origine et les étapes de leur diffusion. Là encore, on s'est efforcé de suivre une progression en présentant ces techniques par ordre de difficulté croissante : faux marbre, faux bois, pochoir, peinture rustique, grisaille, grotesques, trompe-l'œil, dorure et argenture.
Pour chaque type de décor, les phases successives du travail sont décrites pas à pas, illustrées par des photographies prises lors de cours dans notre Académie et par quelques exemples de travaux personnels de ses fondatrices.
Sont en outre chaque fois indiqués le matériel et les couleurs nécessaires, ainsi que les notions techniques de base, comme l'indication des ombres et des lumières ou les principales règles de la perspective.
Nous avons néanmoins essayé, dans le chapitre consacré au trompe-l'œil surtout, de ne pas imposer de schémas d'exécution trop rigides, car la principale qualité d'un décorateur reste la fantaisie. Le lecteur aura ainsi toute liberté pour choisir ses fonds et ses ornements en fonction de ses propres goûts et exigences, mais en disposant des informations requises pour décider en toute connaissance de cause.

Marzia Damaggio Campos

neutro
2800
BOERO
PITTURA OPACA DI QUALITÀ
AURORA
3M
Spray
Mount
Adesivo
Sintolit
Lascaux
nei fatti

MATÉRIEL ET COULEURS

Les techniques de décoration décrites dans ce livre n'exigent pas de coûteux achats de matériel. L'équipement de base requis pour commencer se compose essentiellement d'objets en principe présents dans toutes les maisons : papier journal ou bâches en plastique pour protéger le sol et le plan de travail ; seau et serpillière ; essuie-tout ; gobelets, assiettes et cuillères en plastique ; gants jetables en latex ou en vinyle.

S'y ajoutent les fournitures nécessaires à la réalisation du projet de décor et des dessins préparatoires, que l'on se procurera aisément en papeterie, en quincaillerie ou dans une boutique de matériel pour artistes : crayon (sec), gomme et taille-crayon, règle et équerre, ruban de masquage en papier crêpe adhésif, cutter, petits ciseaux, papier-calque et papier graphite, papier millimétré, fil à plomb, niveau. Pour peindre, enfin, il faut des brosses et des pinceaux, des couleurs et une éponge naturelle.

Quand on a défini avec précision le type de décoration que l'on souhaite exécuter, il faut s'assurer que l'on dispose bien de tout le matériel voulu (solvants compris), pour ne pas risquer d'avoir à s'interrompre en cours de route.

Avant de commencer à peindre, quelques précautions s'imposent. Tout d'abord, il est conseillé de protéger le sol et les meubles avec des journaux ou une bâche en plastique et, si possible, de rassembler sur un plan de travail tout ce dont on aura besoin, pour garder ce matériel à portée de la main. Si les surfaces à décorer sont en hauteur (murs ou armoires), on pourra se servir d'un escabeau ou d'une échelle, sans oublier d'installer dessus un support où poser les instruments et produits nécessaires.

Il faut aussi savoir qu'on risque d'endommager irrémédiablement ses vêtements et s'habiller en conséquence. En effet, lorsqu'on peint une surface verticale par exemple, on a tôt fait de tacher ses chaussures. Or il y a peu de chances de les récupérer ensuite car les couleurs acryliques, et même les banales peintures à l'eau, pénètrent à l'intérieur des fibres et, une fois sèches, sont très difficiles à éliminer.

Enfin, il est préférable de conserver près de soi un seau d'eau et un rouleau d'essuie-tout ; ils pourront être utiles à tout moment, ne serait-ce que pour se nettoyer les mains.

Tout ceci ne concerne pas les produits et outils destinés à la préparation des surfaces et au vernissage final, traités à part.

Avec un équipement de base simple – seau, chiffons, essuie-tout, ruban adhésif de masquage, papier abrasif, règle, crayon, éponge naturelle (photo ci-dessus), pinceaux, peintures, fil à plomb –, on peut aborder toutes les techniques de décoration, même les plus complexes.

Les pinceaux

Les pinceaux jouent, avec les couleurs, un rôle déterminant dans la réussite d'une décoration. Pour obtenir de bons résultats, il convient d'employer des brosses et des pinceaux de bonne qualité dont la forme, la taille et la composition sont adaptées au travail à effectuer.
La plupart des types de pinceaux sont disponibles dans une large gamme de dimensions. Ces dernières sont indiquées par des chiffres qui correspondent à la largeur en millimètres du faisceau de poils : une brosse de 60 mm de large est ainsi désignée par le numéro 60. La numérotation

Les brosses plates en soies (ci-contre) servent dans l'exécution des faux marbres. Pour la préparation et la décoration des fonds, on utilise des « queues de morue » en soies de porc (ci-dessous).

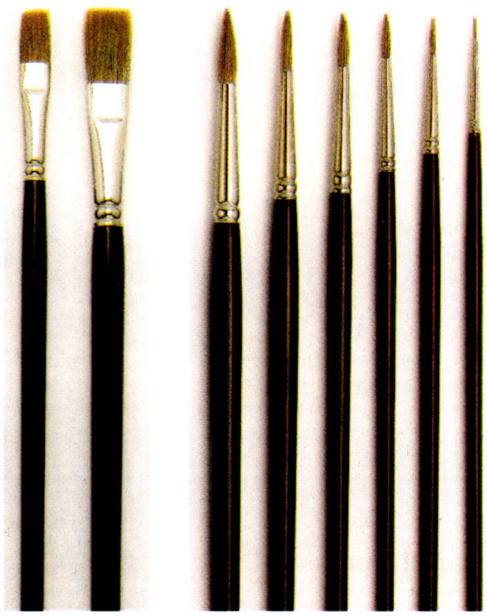

Il faut se munir de pinceaux de différents types et formats. Ci-contre, petites brosses plates en oreille de bœuf et (à droite) pinceaux à retoucher en martre synthétique, pour exécuter les ornements à main levée.

commence à partir de 00 (plus le chiffre est petit, plus la pointe est fine).
Le choix du pinceau – en termes, notamment, de douceur et de flexibilité – dépend de la technique picturale qu'on compte employer. Il existe des pinceaux pour colorer un motif et d'autres pour peindre des filets, des pinceaux pour préparer les fonds ou les décorer, d'autres pour vernir et exécuter les finitions. Suivant les cas, ils seront en fibres synthétiques, en soies de porc ou en oreille de bœuf, de forme ronde ou plate, avec une pointe effilée ou un bout carré.
Un bon pinceau pour peindre des ornements doit être souple et pointu ; on choisira donc entre les modèles en martre synthétique (moins onéreuse que la vraie martre) ou en oreille de bœuf. La largeur du pinceau doit être proportionnelle à la surface à peindre : si l'on se sert de grosses brosses pour tracer des lignes de contour ou effectuer des retouches, on risque de déborder des limites du dessin ; inversement, si on utilise un pinceau fin pour remplir une surface importante, il faudra s'y reprendre à plusieurs fois et la couleur ne sera pas appliquée de manière uniforme.
Il est donc recommandé de disposer d'au moins deux tailles différentes de pinceaux à retoucher. Pour exécuter les filets (ces lignes droites qui encadrent certaines décorations), il faut employer des brosses en soies de porc à bout plat, de dimensions adaptées aux traits qu'on veut tracer. Pour la préparation et la décoration des fonds en revanche, il convient

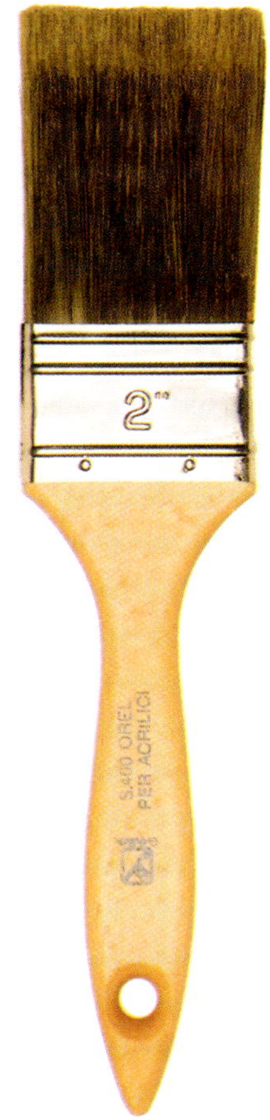

d'adopter des brosses plates de plus grand format, du type « queue de morue ». Généralement en soies de porc, celles-ci sont disponibles en diverses tailles : 40, 50, 60 mm et davantage. Comme les brosses qu'on utilise pour préparer et décorer les fonds subissent une usure importante et qu'il n'est pas fondamental pour ce type de travail qu'elles soient d'excellente qualité, on peut les choisir parmi les modèles les plus économiques.

Pour vernir, il faut prendre des brosses très souples, qui ne laissent pas de marques de poils. Les meilleures sont en oreille de bœuf. C'est seulement avec les vernis acryliques – diluables à l'eau, et qui ne réclament donc pas l'usage de solvants agressifs – qu'il est possible d'employer des brosses en nylon, dont le prix est nettement inférieur à celui des brosses en oreille de bœuf ; ces brosses synthétiques doivent en effet impérativement être nettoyées à l'eau et au savon. L'oreille de bœuf convient par contre pour tous les vernis gras et les gels polyuréthanes.

Les pinceaux qui ont servi à appliquer des peintures à l'huile ou d'autres substances non diluables à l'eau doivent être nettoyés avec des solvants spécifiques (généralement indiqués sur le produit et vendus au même endroit). Des lavages répétés dans quelques doigts de solvant, qu'on pensera à changer fréquemment, suffisent en principe pour bien les nettoyer ; il faut ensuite les essuyer délicatement sur du papier absorbant, les frotter avec un peu de savon neutre et, enfin, les rincer à grande eau. Les solvants employés pour les vernis et peintures à l'huile sont l'essence de térébenthine et le white-spirit ; pour les polyuréthanes, on utilise l'acétone ou des solvants nitrés. Pour passer de la cire ou un vernis bitumineux, mieux vaut se servir de vieux pinceaux ou de modèles bon marché.

Il ne faut jamais laisser tremper longtemps ses brosses dans du solvant. Lorsque de fréquentes interruptions du travail ou quelque autre raison obligent malgré tout à le faire, la meilleure solution pour éviter que les pinceaux ne s'abîment consiste à préparer un support en carton troué que l'on placera par-dessus le récipient de solvant. La largeur du trou doit être telle que le pinceau, une fois enfilé dedans, reste suspendu sans toucher le fond.

Pour la peinture au pochoir, on emploie des brosses rondes particulières, à bout tronqué ; leur dimension doit être adaptée à celle des fenêtres du pochoir.

Chaque fois qu'on termine un travail, il faut bien nettoyer ses pinceaux puis les sécher et les ranger avec soin, à plat ou dans un bocal, les poils dirigés vers le haut, de manière que les pointes ne risquent pas de se plier.

En haut, à gauche : brosses à vernir en oreille de bœuf ; ci-dessus : brosse en nylon pour vernis et peintures acryliques. Ci-dessous : deux brosses à pochoir.

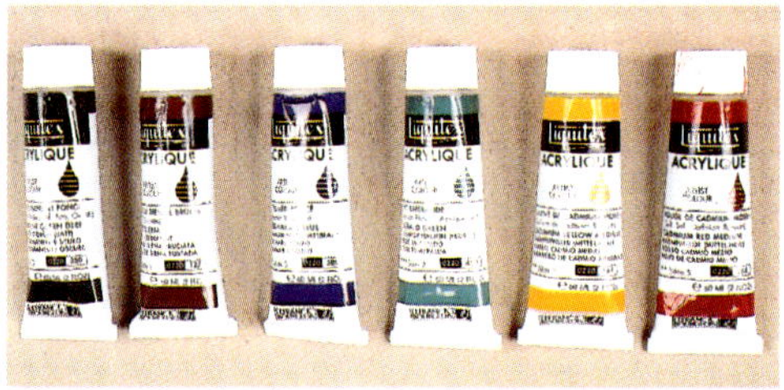

Les peintures à l'eau (ci-dessus), les acryliques pour artistes (en haut à droite) et les terres (ci-contre) ont des caractéristiques différentes, qui conditionnent l'aspect final des décorations.

Les peintures

L'aspect final d'un décor dépend de la technique employée, mais aussi du choix des peintures et des couleurs. Si les propriétés chromatiques des produits utilisés sont d'une importance primordiale, leur élasticité, leur adhérence au support, leur résistance sont également essentielles ; c'est en effet de ces caractéristiques que vont dépendre la facilité d'exécution du travail et sa durabilité.

Acryliques pour artistes

Les couleurs acryliques pour artistes offrent d'innombrables nuances permettant l'obtention d'effets particuliers indispensables dans certaines techniques comme le faux marbre.
Diluables – quoique non solubles – dans l'eau, elles dispensent d'employer des solvants chimiques (des substances toxiques dangereuses pour la santé et, de surcroît, extrêmement polluantes). Elles sont moins couvrantes que les peintures à l'eau utilisées par les peintres en bâtiment et leur prix de revient est plus élevé ; en contrepartie, elles ne jaunissent pas, résistent aux écarts de température et, étant poreuses, n'ont pas tendance à former de cloques. Quand on les dilue, leur teinte perd de son intensité et elles deviennent transparentes, comme de l'aquarelle.

Peintures à l'eau

Disponibles dans un large éventail de couleurs, les peintures à l'eau sèchent vite et sont bon marché. Il s'agit de peintures plutôt couvrantes mais, quand on les dilue beaucoup, elles permettent aussi de réaliser de bons glacis. Il existe même des peintures à l'eau pour l'extérieur, qui résistent aux intempéries, à la pollution et aux moisissures. Avec ces produits, les pinceaux sont faciles à nettoyer et durent plus longtemps. Pour élargir leur gamme de tons, on peut les mêler aux acryliques pour artistes ; dans ce cas, il est toutefois indispensable d'utiliser des produits d'excellente qualité et de veiller à ce qu'aucun grumeau ne se forme lors du mélange.

Terres

Ce nom désigne divers pigments en poudre comme la terre de Sienne et la terre d'ombre qui, avec l'ocre et quelques autres, constituaient à l'origine les seules substances permettant de fabriquer des couleurs. On trouve ces terres dans les magasins de fournitures pour artistes, sous forme de poudres colorées naturelles ou issues d'une synthèse chimique. Certaines sont d'un prix très élevé. Délayées dans de l'eau et un liant acrylique, elles donnent des teintes d'aspect plutôt naturel, très transparentes et bien adaptées aux décorations délicates. Elles sont miscibles entre elles, et l'ajout d'un peu de peinture à l'eau blanche les rend plus épaisses et couvrantes. Il est indispensable de les protéger après coup avec un vernis.

Le disque chromatique se compose de 12 couleurs : les primaires (rouge, jaune et bleu), les secondaires (orange, vert, violet) – obtenues chacune par mélange de deux couleurs primaires – et 6 autres issues d'un mélange entre primaires et secondaires. Ce disque aide à comprendre les caractéristiques d'une couleur et ses diverses composantes ; il permet donc de choisir ses teintes, en fonction notamment de leur intensité lumineuse et de leur pureté. Le triangle et le carré inscrits au centre (figure ci-dessous) facilitent l'identification de couleurs qui s'accordent entre elles : en faisant tourner ces figures à l'intérieur du cercle, on peut localiser, respectivement, trois ou quatre grands groupes de couleurs.

EMPLOI DE LA COULEUR

La lumière solaire, qui paraît blanche, est en fait composée des sept couleurs du spectre : rouge, jaune, orangé, vert, bleu, indigo et violet. Les objets qui nous entourent réfléchissent la lumière qu'ils reçoivent ; si un objet nous semble rouge, c'est qu'il absorbe toutes les radiations colorées sauf les rouges qui, renvoyées en arrière, viennent frapper nos yeux.

D'après l'analyse physique, les couleurs se divisent en primaires (rouge, jaune, bleu) et secondaires (orangé, vert, violet). De fait, en mélangeant du jaune et du rouge, on obtient de l'orangé ; le jaune combiné au bleu donne le vert, et le rouge allié au bleu donne le violet.

Le disque chromatique comporte douze couleurs : les six dont nous venons de parler, plus six autres que l'on obtient en mélangeant chaque couleur primaire avec les couleurs secondaires qui en dérivent. En multipliant les combinaisons, on peut même créer des disques de plus de douze couleurs.

Le disque chromatique permet de repérer rapidement les caractéristiques d'une couleur : d'identifier ses composantes (avec les proportions de chacune d'elles) et sa couleur complémentaire (celle qui lui est diamétralement opposée) ; de voir s'il s'agit d'une couleur chaude, c'est-à-dire qui absorbe la lumière (la gamme va du jaune au violet), ou d'une couleur froide, qui réfléchit la lumière (la gamme

va du vert au bleu). Les couleurs chaudes et froides se trouvent respectivement au-dessus et en dessous de la ligne qui unit le vert au rouge.

Si l'on inscrit au centre du disque chromatique un triangle équilatéral ou un carré et qu'on fait tourner ces figures, on n'aura aucun mal à trouver, à leurs angles, trois ou quatre couleurs qui s'accordent bien entre elles. La juxtaposition de couleurs complémentaires ou de couleurs primaires et secondaires crée des contrastes résolument différents.

Pour ne pas se tromper dans ses associations et obtenir des teintes qui se mêlent harmonieusement, il suffit de choisir ses couleurs parmi celles qui sont proches les unes des autres sur le disque. Pour créer un fort contraste chromatique, il faut en revanche employer des couleurs diamétralement opposées.

Lors du choix d'une couleur, il importe de tenir compte de son intensité lumineuse ou clarté (plus la proportion de blanc est élevée, plus la couleur est claire), de sa pureté et de sa saturation (le ton). Il est conseillé d'utiliser des couleurs d'égale intensité si l'on veut être sûr que le résultat final ne sera pas dissonant.

En travaillant les couleurs, c'est-à-dire en mélangeant les couleurs de base dans des proportions diverses, on élargit notablement la gamme des nuances disponibles. Ainsi, pour obtenir du gris, on peut mélanger du blanc et du noir ; ensuite, pour modifier sa tonalité, on peut le réchauffer par l'ajout d'une pointe d'ocre ou bien le refroidir avec un peu de bleu.

Mais on peut aussi préparer du gris sans employer de noir. On mélange alors deux couleurs complémentaires en parties égales, puis on fait varier leurs proportions jusqu'à obtention du ton et de la luminosité voulus.

Pour obtenir du beige, on mélange de la terre d'ombre, de l'ocre et du blanc ; pour le rendre plus rosé, on ajoute une pointe de rouge, et pour le rendre plus froid, un peu de bleu ; pour accroître son éclat, on ajoute du jaune citron.

Tout au long de ce livre, nous emploierons différents termes et expressions concernant la couleur dont il importe de connaître la signification. Les voici :

- Pour réchauffer une couleur : il faut ajouter de l'ocre ou de la terre d'ombre ; la tonalité dépendra naturellement de la proportion de chaque composante.
- Pour refroidir une couleur : il faut ajouter du bleu.
- Pour éclaircir une couleur : il faut ajouter du blanc.
- Pour foncer une couleur : il faut ajouter du noir.
- Par lumière ou rehaut, on désigne une touche en virgule ou en demi-lune, de la même couleur que celle du fond mais d'un ton beaucoup plus clair (comportant davantage de blanc), qu'on applique sur un élément décoratif pour en accroître le relief.
- L'ombre est, en général, une touche de couleur plus foncée, également en demi-lune, qu'on pose près des rehauts ou du côté opposé.
- Par dégradé, on entend une diminution progressive de l'intensité lumineuse d'une couleur.

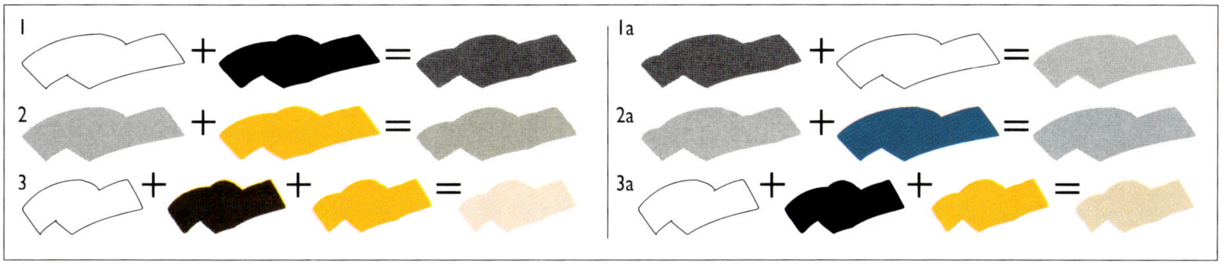

Dans l'encadré du haut, on a représenté l'échelle des gris (1 et 2) et des beiges (3) obtenus par mélange.
1- En mélangeant du blanc et du noir, on obtient du gris, qui pourra être éclairci (1a) avec du blanc.
2- Ce gris peut être réchauffé avec de l'ocre ou refroidi (2a) avec du bleu.
3- Un beige obtenu avec du blanc, de la terre d'ombre et de l'ocre, et un autre (3a) fait de blanc, de noir et d'ocre.
Sous l'encadré, nuances de couleurs obtenues en mélangeant du jaune, du vert, du rouge et du bleu avec de l'ocre, de la terre d'ombre, du blanc, du noir ou du bleu.

Préparation des surfaces

Une bonne décoration ne doit pas seulement enrichir et embellir une pièce ou un objet, elle doit aussi durer et résister à l'usure normale que subira la surface décorée. Qu'il s'agisse d'enjoliver un mur, un bibelot en bois brut, un vieux meuble, un vase en terre cuite ou une colonne en plâtre, il faut avant tout en examiner attentivement la surface pour pouvoir décider quel traitement appliquer au support. Avant de commencer à peindre, il est en effet indispensable de préparer le fond sur lequel on va travailler : la réussite de la décoration et sa longévité en dépendent. Si l'on néglige de bien polir une surface rugueuse sur laquelle on compte réaliser un faux marbre, ses aspérités manifestes gâteront l'effet espéré. Un bois brut non traité est à coup sûr trop poreux : la pénétration de la peinture dans ses fibres rendra toute ornementation impossible. Il en va de même pour la terre cuite et le plâtre. Par ailleurs, si l'on s'apprête à travailler sur un mur, il faut faire attention au type de revêtement qui le recouvre déjà, car certaines incompatibilités peuvent compromettre la fixation de la nouvelle couche de peinture, qui finirait par se détacher du fond. Sur un enduit ou un mastic insuffisamment traité, la peinture risque aussi de partir car elle a tendance à former une pellicule qui, pour peu qu'elle ait mal pris, s'écaillera au fil du temps.

Toutes les surfaces à décorer doivent donc être traitées à titre préventif et, pour ce faire, il importe de connaître non seulement leurs principales caractéristiques, mais aussi celles des produits qu'on va utiliser. Il existe de nombreuses préparations pour traiter les fonds, diluables à l'eau ou au white-spirit. Toutes ces substances se différencient les unes des autres par des propriétés bien précises, qui les rendent plus ou moins indiquées selon la technique décorative qu'on souhaite employer.

Chaque matériau doit être traité en fonction de ses caractéristiques particulières. Les produits nécessaires se trouvent aisément en quincaillerie ou dans les magasins de bricolage.

Ci-dessous : paravent en bois préparé avec deux applications de sous-couche opaque à l'eau. A droite : même paravent orné de cadres en trompe-l'œil, avec à l'intérieur des reproductions d'estampes anciennes peintes à la main.

Matériel nécessaire pour la préparation des fonds (peintures d'impression à l'huile ou à l'eau) et la protection des décors (cire et vernis). Il faut en outre du mastic, un couteau, un grattoir ou un tournevis, du papier abrasif et une tenaille pour enlever les clous.

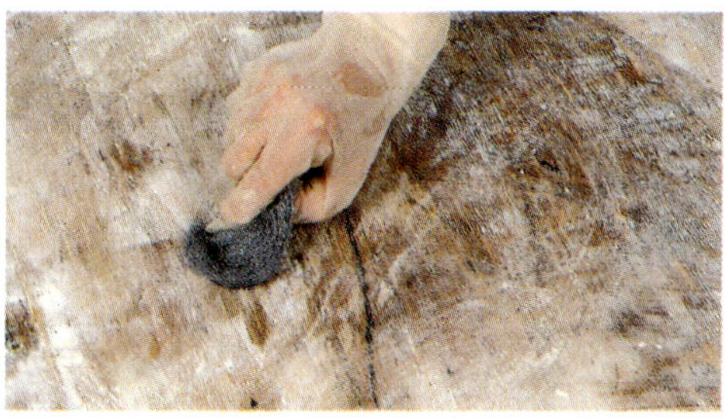

En haut, à gauche : une bonne couche de décapant est appliquée sur le dessus de la table ; à droite : une fois que le produit a agi, on racle la vieille peinture à l'aide d'un couteau.
Au centre : toute la peinture est partie, entièrement ramollie par le décapant.
En bas : on élimine les derniers résidus de peinture en grattant la surface à la paille de fer ou avec une brosse métallique.

Le bois et le MDF

Nous avons indiqué que chaque type de matériau nécessite un traitement spécifique.
Commençons par examiner la préparation requise pour les surfaces en bois ou en MDF, une pâte pressée à base de dérivés de bois. Le MDF est beaucoup plus lourd que le bois pour un coût résolument inférieur ; il est vendu sous forme de panneaux prédécoupés, disponibles en diverses épaisseurs, avec des bords polis comme ceux des plaques de marbre.
Si l'on doit acheter le support d'un décor en faux marbre, il est généralement préférable de le choisir en MDF car ce matériau, beaucoup plus lisse que le bois, ne réclame pas de ponçage préalable au papier abrasif ; de plus, étant bien moins poreux, il aura besoin de moins de couches de peinture d'impression (une sous-couche opaque qui fixe et unifie les fonds).

Décapage

Il s'agit d'une opération simple, mais qui s'effectue différemment suivant qu'on travaille sur un bois protégé par une simple couche de vernis transparent ou sur une surface recouverte de vieilles peintures. Dans le premier cas, il peut suffire de passer soigneusement la surface au papier de verre jusqu'à élimination complète du vernis. Par contre, s'il faut enlever de vieilles couches de peinture pour ramener le bois à son état originel et retrouver ses veines naturelles, on devra recourir à un décapant.
On trouve dans le commerce divers produits pour décaper ; tous sont hélas toxiques, et par conséquent potentiellement dangereux pour la santé. Il faut donc, lorsqu'on les emploie, adopter un certain nombre de précautions. Il convient avant tout de bien lire les instructions du fabricant, d'enfiler des gants de protection en PVC et de travailler dans un endroit convenablement ventilé.
Le décapant doit être appliqué sur des surfaces parfaitement dépoussiérées et dégraissées. On en badigeonne les parties lisses et, pour que le produit pénètre bien dans les moindres recoins, on tapote le pinceau sur les éventuelles

Conseil utile

Il est essentiel d'éliminer toute trace de décapant, y compris par des rinçages répétés à l'eau claire. C'est seulement ensuite qu'on pourra procéder à la préparation du fond.

moulures et fissures du bois. On peut employer n'importe quel type de brosse, vieille de préférence car le décapant abîme énormément les poils. Quitte à en acheter une, on choisira plutôt une queue de morue en soies de porc n° 40 ou 50, pourvu qu'elle soit bon marché.
Dès que le produit a agi, on enlève la peinture avec un grattoir, qu'on essuiera fréquemment au cours du travail. Si la surface a reçu plusieurs strates de peinture, on repasse du décapant (une couche plus mince) et, quand il commence à faire effet, on racle de nouveau, au couteau puis à la paille de fer (en la changeant souvent, car elle perd vite son pouvoir abrasif).

Masticage

Si le bois décapé présente de petites fissures ou des irrégularités, il faut les colmater avec un enduit de rebouchage ou un mastic à bois. Il existe des mastics tout prêts en pâte ; certains sont même colorés, et doivent être choisis dans la teinte qui se rapproche le plus de celle du bois à traiter.

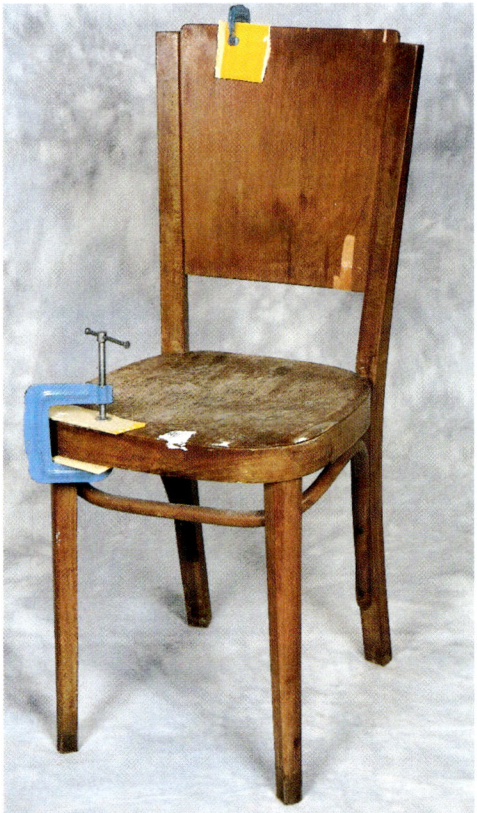

Cette vieille chaise en bois au placage abîmé (à gauche), retrouvée dans une cave, a dû être consolidée. Le placage a d'abord été recollé, puis maintenu en place avec un serre-joint (à droite). La photo de la page suivante montre comment on a comblé les parties de placage manquantes avec un enduit de rebouchage.

On commence par assouplir le mastic en le malaxant bien (on peut en mettre une petite quantité dans le creux de la main et la travailler avec la pointe d'un couteau, comme si c'était du beurre). S'il est trop dur, on peut le ramollir avec un peu d'eau. On remplit ensuite les fentes du bois avec la pâte ainsi obtenue, et on lisse pour retirer l'excédent.
Une fois que le mastic a bien séché, on égalise la surface au papier abrasif, en débutant par du n° 150 puis en passant à un grain plus fin comme le 240 ou le 320.

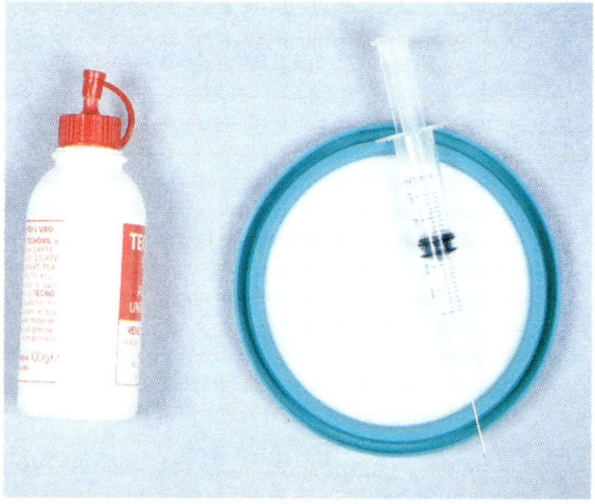

S'il y a des endroits où le placage a totalement disparu, on devra, avant de préparer le fond pour la décoration, mastiquer très soigneusement les trous correspondants pour mettre toute la surface à niveau.
Il ne faut pas confondre cette technique de consolidation du bois (à n'employer que sur des meubles bon marché) avec une véritable restauration de mobilier, pour laquelle on n'utilise que des colles naturelles et des enduits particuliers, et qui, à moins d'une formation spécifique, relève du spécialiste.

A gauche : la colle vinylique peut être injectée à l'aide d'une seringue sur les zones difficiles d'accès ; l'essentiel est de bien la diluer à l'eau. Ci-dessous : divers types de papiers abrasifs, à sec et à l'eau.

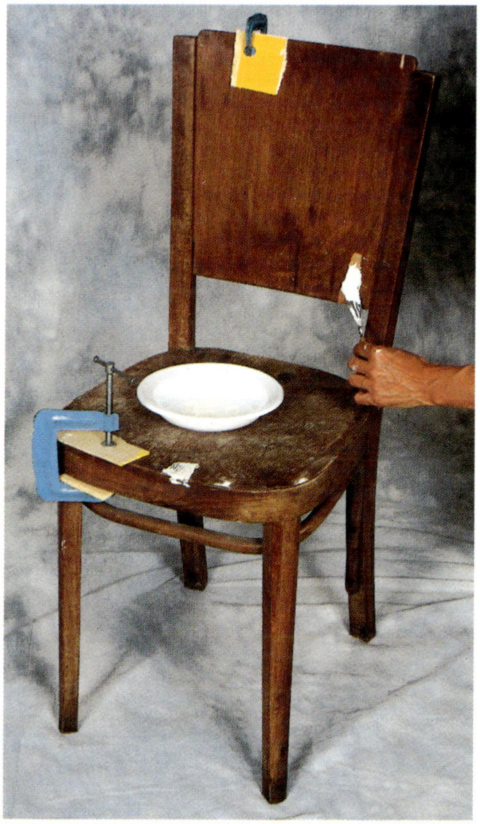

Si les fissures à boucher sont très profondes, il faudra procéder par couches minces et répéter toute la procédure plusieurs fois.
Quand on a affaire à des meubles en très mauvais état, il se peut qu'il faille, de surcroît, consolider leur placage. A l'aide d'une seringue, on injecte alors sous la surface à recoller de la colle vinylique, très diluée à l'eau. La partie traitée doit ensuite être mise sous pression pendant 24 heures, à l'aide d'un serre-joint et de planchettes en bois.

Ponçage

Avant de commencer à peindre la surface à décorer, il faut la poncer au papier abrasif, qu'il s'agisse d'un bois neuf, qui n'a jamais subi le moindre traitement, ou d'un bois plus ou moins ancien, recouvert d'une légère pellicule de cire. Il va sans dire que le ponçage devra être d'autant plus soigneux que le bois a été davantage traité.
On trouve dans le commerce des papiers abrasifs de forces différentes. Le numérotage est progressif et indique la dimension des grains : un papier n° 150 est plus abrasif qu'un n° 320.
Outre le papier de verre, ou papier silex, et la toile émeri, il existe des papiers imperméables dont le grain est très fin (n° 600, voire 800) et qui servent à lustrer ; leur pouvoir abrasif s'accroît quand on les mouille.
Sur du bois brut, il suffit de passer un léger coup de papier n° 220-280 pour éliminer les saletés, la poussière et les

Ci-contre : après avoir retiré les serre-joints de la chaise recollée et mastiquée, il reste à poncer l'enduit. Ce n'est qu'ensuite qu'on pourra appliquer la première couche d'impression (en bas). A droite : matériaux pour la préparation des fonds : sous-couche à l'eau, impression à l'huile et bouche-pores.

petites imperfections (que l'on prendra soin d'essuyer ensuite au chiffon). Sur une surface déjà peinte ou vernie en revanche, il vaut mieux commencer le ponçage avec un papier à gros grain plus abrasif, comme le n° 150, et enchaîner ensuite sur un grain un peu plus fin, comme le n° 240. Passé ce stade, l'objet est bien propre et sa surface est suffisamment unie.

Lissage des fonds et application de bouche-pores

Une fois qu'on a bien consolidé et poncé le support, la surface à décorer doit être préparée de manière à garantir une meilleure adhérence de la peinture.

Il faut, avant tout, la rendre parfaitement lisse et imperméable à l'eau. Pour ce faire, on peut employer une peinture d'impression à l'huile, un fond couvrant blanc qui s'achète en quincaillerie. Ce produit doit être dilué au white-spirit dans la proportion de 4 : 1 (4 doses d'impression pour 1 de white-spirit) et, avant de l'appliquer, il convient d'éliminer du bois toute trace de poussière.

Cette sous-couche s'étale avec une brosse en soies de porc n° 50, en « tirant » bien car elle doit pénétrer dans toutes les rainures du meuble, sans pour autant s'accumuler à l'intérieur. On retire l'éventuel excédent dans les creux à l'aide d'un pinceau plus petit, avant que le produit sèche.

Quand la première couche a complètement durci, on procède au ponçage. La durée du séchage dépend de l'humidité ambiante et de l'épaisseur de peinture : en général, 24 heures suffisent mais, si l'atmosphère est très humide et la cou-

Dûment recouverte de plusieurs couches d'impression à l'huile, notre chaise (à gauche) est enfin prête à être décorée.

che plutôt épaisse, il peut être préférable de prévoir un temps plus long.
Il faut toujours passer au moins deux couches, avec un ponçage entre les deux ; cependant, pour certains décors comme le faux marbre, ou si le produit a été trop dilué pour masquer toutes les veines du bois, on doit effectuer un second ponçage (avec du papier abrasif n° 220) et repasser une troisième couche, voire davantage.
Il existe un autre type de sous-couche opaque pour bois, diluable à l'eau et non au white-spirit, et qui s'achète aussi en quincaillerie. Ce produit est indéniablement plus pratique que le précédent, car il est plus facile à étaler et sèche beaucoup plus vite (moins de 24 heures). Mais comme il est aussi moins couvrant, on doit toujours en appliquer plus de trois couches et, dans l'ensemble, il donne un résultat moins dense et moins lisse. Nous indiquerons au fur et à mesure les types de décors pour lesquels il est préférable d'utiliser cette peinture d'impression à l'eau.
Si l'on préfère conserver la couleur naturelle du bois, ou s'il n'est pas nécessaire de disposer d'un fond très clair, on peut se contenter d'imprégner le support avec un produit qui obture les pores du bois, le bouche-pores. Il s'agit d'un liquide transparent et peu épais, facile à se procurer ; il n'a pas besoin d'être dilué.
On applique le bouche-pores avec rapidité, à l'aide d'une brosse quelconque. Il faut en passer au moins deux couches et, entre les deux, poncer légèrement au papier de verre. Étant transparent, ce produit ne permet pas d'obtenir un fond blanc et compact, ce qui oblige ensuite à utiliser une épaisseur de peinture plus importante pour la décoration.

La terre cuite et le plâtre

On trouve souvent sur les marchés ou chez les artisans de jolis objets en terre cuite (lampes, plats, cache-pots, coupes) ou en plâtre (cadres, médaillons). S'ils ne sont pas déjà peints ou vernissés, on peut les personnaliser en les décorant à son goût tout en les adaptant au cadre dans lequel ils viendront s'insérer. La terre cuite et le plâtre étant particulièrement poreux et friables, ils devront être traités en conséquence avant toute décoration.
En ce qui concerne les objets en terre cuite, il faut les plonger quelques heures dans l'eau puis les laisser sécher. Lorsqu'ils sont bien secs, on les ponce au papier abrasif (n° 240). On les recouvre ensuite d'un vernis transparent à l'eau, ou encore d'une sous-couche protectrice blanche s'il est nécessaire d'éclaircir le fond. Si l'on opte pour la sous-couche opaque, il faut d'abord la diluer (1 dose

Un léger ponçage va permettre d'égaliser la surface de ce vase en terre cuite.

de produit pour 1 dose d'eau), puis l'appliquer sur l'extérieur et l'intérieur de l'objet avec une brosse en oreille de bœuf, en veillant à ne pas laisser de traces de poils. Au bout de 24 heures environ on pourra, le cas échéant, poncer de nouveau avec le même numéro de papier abrasif. Il faudra ensuite attendre encore 24 heures avant de procéder à la décoration.

Le plâtre, étant déjà blanc, n'a pas besoin d'être éclairci, mais il est encore plus poreux et friable que la terre cuite. On commence donc par un léger ponçage (toujours au papier n° 240) pour supprimer les éventuelles imperfections, puis on applique une couche de peinture blanche (diluée dans la proportion de 1 : 2) sur toute la surface de l'objet. Au bout de quelques heures, on peut passer à la décoration.

Pour la terre cuite comme pour le plâtre, il est bon d'employer des couleurs très diluées afin qu'elles ne forment pas une pellicule trop épaisse, qui adhérerait mal au fond. De même, il vaut mieux éviter de vernir (on appliquera tout au plus une légère couche de vernis protecteur à l'eau) : pour rendre le décor plus lumineux, il suffit de frotter un peu de cire dessus.

Enfin, il faudra se souvenir de manier ces objets avec soin, pour ne pas risquer de griffer la peinture.

En haut : pour éclaircir la couleur du fond et préparer le matériau à la décoration, on applique une sous-couche opaque à l'eau très diluée.

Ci-dessus : une coupe en terre cuite décorée en faux marbre.
Ci-contre : deux phases de la préparation d'un objet en plâtre : après ponçage avec un abrasif très fin (à gauche), on applique une couche de peinture à l'eau abondamment diluée (à droite).

Les murs

Un mur nu au fond d'un couloir, une niche, une pièce sans fenêtres : autant de cas où l'on éprouvera le besoin d'animer l'espace par un décor peint. Le fond idéal pour exécuter une décoration murale est blanc, lisse, dur, propre et sec. Il doit en outre être compatible avec les peintures à l'eau et les acryliques.
Si le mur présente des traces d'humidité (taches brunes, moisissures, cloquage de la peinture précédente), il vaut mieux consulter un expert, qui conseillera les interventions les plus opportunes. En effet, les taches dues à l'humidité ne proviennent pas seulement d'infiltrations d'eau ou de fuites, mais aussi de la condensation qui s'accumule sur les parois lorsque l'atmosphère est particulièrement humide. Si le revêtement du mur est très abîmé, avec des renflements et des parties qui s'écaillent, il vaut mieux renoncer à le décorer – à moins de vouloir le refaire à neuf. En revanche, un enduit ancien mais en bon état peut constituer un excellent fond pour peindre, même s'il a déjà reçu plusieurs couches de peinture.
Si le mur a été recouvert de peinture acrylique blanche, il suffira de le laver à l'eau avec un détergent dégraissant et légèrement abrasif, puis de le laisser sécher pendant 24 heures.
Si par contre le mur a été traité au badigeon (on le voit à la trace poudreuse qui reste sur la main quand on la passe dessus), il est indispensable de le poncer soigneusement au papier de verre pour éliminer toute trace de l'ancienne peinture, puis de bien égaliser la paroi avec un papier abrasif d'un grain plus fin. Enfin, après avoir ôté la poussière à l'aide d'une brosse douce ou d'un chiffon sec, on applique une couche de peinture isolante (en vente chez les marchands de couleurs, avec toutes les instructions d'emploi) ; ce n'est qu'ensuite qu'on pourra passer à la décoration.
Une autre méthode pour éliminer le badigeon consiste à frotter le mur à plusieurs reprises avec un chiffon mouillé, qu'on rince régulièrement à l'eau claire. Quand le mur est sec, on applique la peinture isolante.
Le cas des murs traités avec des produits dilués au white-spirit (laques glycérophtaliques, etc.) est plus délicat. Il est alors préférable de confier le travail à un spécialiste.

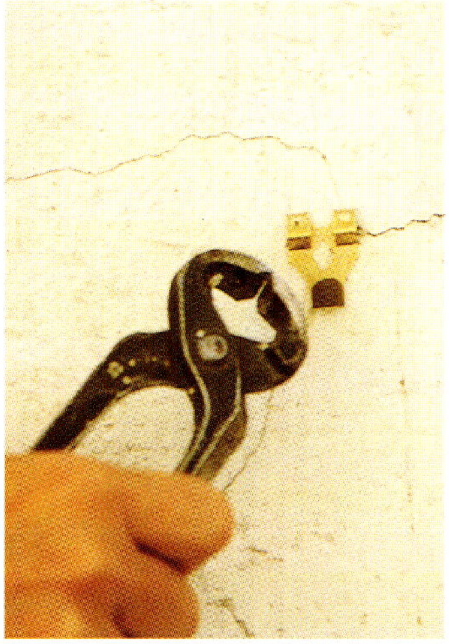

Il est très rare de disposer d'un mur parfaitement lisse, sans trous, ni crevasses, ni traces de clous.
Pour préparer un mur qu'on veut décorer, il faut éliminer les éventuels clous à l'aide d'une tenaille, élargir les fissures avec la pointe d'un tournevis, puis poncer et enlever la poussière qui s'est formée à l'aide d'un pinceau.

Le rebouchage des petits trous et crevasses est essentiel avant toute application de peinture (à droite). L'étape suivante consiste en un bon ponçage des parties rebouchées, pour bien égaliser la surface.

Un mur peut par ailleurs présenter des trous, des crevasses ou de vieux clous. Il faut commencer par retirer les clous à l'aide d'une tenaille, puis élargir les fissures les plus petites, avec la pointe d'un tournevis ou d'un grattoir triangulaire, pour pouvoir mieux les remplir d'enduit.

On doit aussi faire sauter le vieil enduit partout où il n'adhère plus suffisamment au mur. Sur toutes ces zones, on passe ensuite du papier de verre (n° 150 environ) puis, à l'aide d'un pinceau propre et sec, on élimine tout reste de poussière.

Pour reboucher, on emploie le plâtre multi-usages vendu en quincaillerie, qui se gâche à l'eau, ou des mastics en pâte tout prêts, qu'on peut aussi ramollir avec un peu d'eau. Dans une assiette en carton, on délaye dans de l'eau une petite quantité de produit jusqu'à obtention d'une pâte souple et homogène, avec laquelle on comblera les creux (crevasses, trous, éclats, etc.). Il faut veiller à ce que le mastic arrive bien au fond de la cavité, puis racler l'excédent à l'aide d'un petit couteau. La plupart des crevasses réclament plusieurs application d'enduit ; entre deux couches, on doit toujours laisser sécher et poncer.

Une fois que toutes les parties rebouchées sont à niveau (après ponçage au papier abrasif n° 180-220) et que le mastic est bien sec, polir la surface avec du papier abrasif très fin (n° 240). On obtient alors une poussière semblable à du talc ; sinon, c'est que le mur n'était pas assez sec. Le temps de séchage dépend de la température et de l'humidité ambiantes.

Pour faciliter le ponçage, il convient de retirer le produit en trop en passant sur le mastic encore frais un chiffon humide. On doit ensuite attendre que le mastic soit sec pour utiliser le papier abrasif.

Si la surface à décorer n'est pas blanche, il faut appliquer deux couches de peinture à l'eau, la première étant plus diluée que la deuxième, et poncer entre les deux.

Il n'est pas toujours obligatoire que le mur soit complètement lisse : tout dépend du type de décoration à réaliser. Ainsi, dans le cas des grotesques, un mur un peu inégal, avec quelques petites irrégularités, peut contribuer à donner l'illusion que le décor est plus ancien qu'il ne l'est en réalité ; par ailleurs, pour les pochoirs, un fond coloré est souvent préférable. Un mur parfaitement lisse et blanc est en revanche indispensable pour exécuter un décor en faux marbre : on doit alors appliquer deux ou trois couches d'impression à l'huile diluée au white-spirit, et poncer après chaque couche avec du papier à grain très fin.

Si l'on n'a pas le courage d'effectuer ce travail de préparation du mur, on peut en charger un peintre, à condition de bien lui expliquer quel doit être le résultat final.

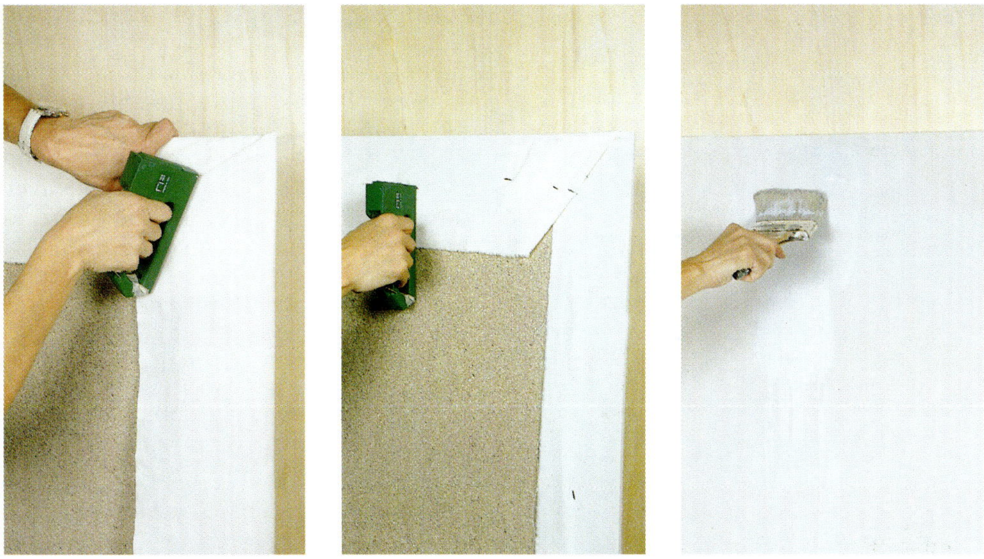

Pour fixer la toile sur un support rigide, on commence par les coins, puis on s'occupe des côtés. On prépare ensuite le fond en recouvrant la surface à peindre d'un apprêt à base de blanc de Meudon. On termine cette phase de préparation par un ponçage soigneux, pour bien unifier toute la surface. L'emploi d'une agrafeuse (en bas) facilite la fixation de la toile à son support.

La toile

Une toile aussi peut servir de support à une grande décoration d'intérieur, à condition de l'apprêter convenablement avant de s'attaquer à la peinture proprement dite. Les boutiques de fournitures pour artistes vendent des toiles prêtes à l'emploi pour couleurs acryliques. Leur coût est cependant très élevé et, compte tenu des quantités nécessaires à l'exécution d'un décor mural, il reste préférable de préparer sa toile soi-même. On doit acheter une toile grège en coton ou en lin, à grain fort et au tissage serré. Il faut bien tendre cette toile sur un support rigide (un panneau de contreplaqué par exemple), en la repliant sur les bords et en la fixant à l'aide d'une agrafeuse (il est plus commode d'effectuer cette opération à deux). On imprègne ensuite la toile d'une préparation spéciale obtenue en mélangeant, pour chaque mètre carré, trois verres d'eau et trois de blanc de Meudon auxquels on ajoute, après dilution, un petit verre de liant acrylique pour épaissir la pâte. Celle-ci peut se conserver plusieurs jours et doit être appliquée de manière uniforme, en tirant bien, avec une brosse en soies de porc d'environ 1 cm d'épaisseur (n° 70 ou 80). On applique une première couche en passant le pinceau horizontalement puis, quand la toile est sèche (compter une journée), une seconde couche dans le sens vertical. On ponce ensuite au papier abrasif n° 240.

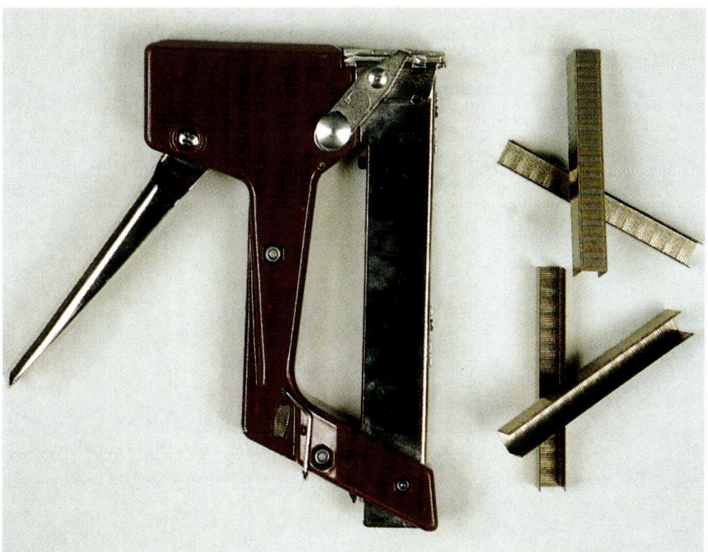

LA DÉCORATION DES FONDS

Pour décorer le fond d'un meuble ou d'un objet, on a le choix entre plusieurs techniques. L'essentiel est de ne pas oublier que cette couche de base va jouer un rôle important dans le résultat final ; elle doit donc s'harmoniser avec les couleurs qui seront employées pour les motifs décoratifs, et former un tout avec le style de l'objet.
Si l'on a du mal à se décider, on peut opter pour un fond uniforme, qui s'adapte bien à tous les styles d'ornementation et qui, associé à une patine, est idéal pour les décors tyroliens et country. L'obtention d'un tel fond suppose de passer au moins trois couches de peinture, en ponçant légèrement (au papier abrasif n° 240) après chaque couche. Il faut mouiller la brosse et la surface à traiter avant d'appliquer la peinture – qui doit être à peine diluée – et travailler d'une main légère, en essayant de ne pas laisser de marques de poils. Si cela se révèle trop difficile, on pourra diluer un peu plus la peinture.

Ci-contre et en bas : application de la technique des chiquetés à l'éponge sur une chaise préalablement recouverte d'impression à l'huile et poncée. Le résultat est déjà en soi très décoratif. En bas, à droite : première étape de la technique des dépouillés à l'éponge.

Décor à l'éponge

Il existe deux techniques fondamentales de décor à l'éponge : l'une dite des « dépouillés », où l'éponge sert à enlever une partie de la peinture, l'autre des « chiquetés », où elle sert à appliquer la couleur. La première est la plus indiquée pour exécuter un travail délicat, qui laisse transparaître le blanc de la sous-couche ; si l'on souhaite voir une autre couleur en transparence, il faudra d'abord passer sur le fond une couche de peinture de la couleur voulue, puis attendre qu'elle sèche.
Dans les deux techniques, on prend la quantité de peinture nécessaire (trois cuillerées à soupe suffisent pour couvrir 1 m² environ) et on la dilue à l'eau jusqu'à obtenir un liquide assez fluide, mais encore couvrant.
Pour les dépouillés, on applique la peinture, à l'aide d'une brosse de 40 à 50 mm, sur toute la surface à décorer préalablement humidifiée. On doit étaler la couleur de manière uniforme, mais sans trop se soucier des marques laissées par le

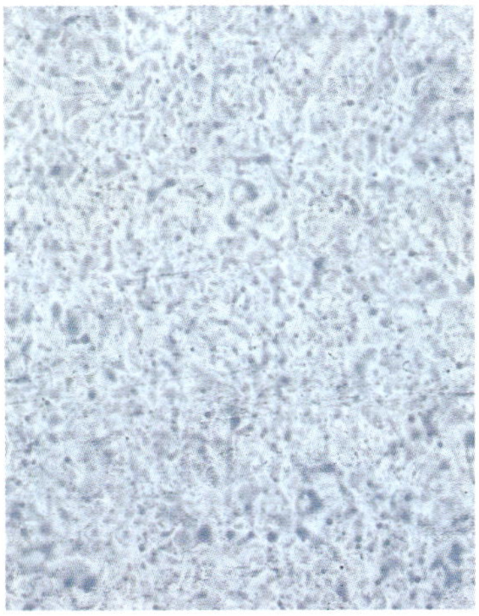

De gauche à droite : deuxième étape des dépouillés à l'éponge et résultat final. Au centre et en dessous : réalisation de chiquetés à l'éponge et résultat final.

pinceau : celles-ci disparaîtront quand on passera l'éponge. Mieux vaut travailler par petites zones, car il faut éponger avant que la peinture sèche. Dès qu'on a fini d'appliquer la couleur, on la tamponne avec l'éponge humide de manière à conférer à la surface l'aspect d'une peau d'orange, en faisant apparaître sous la peinture fraîche la couleur du fond.

La seconde technique, celle des « chiquetés », permet d'obtenir des textures plus ou moins denses, et est plus pratique que

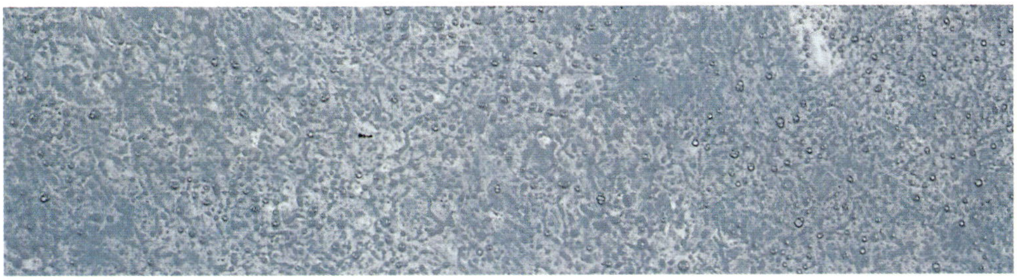

la précédente pour décorer de grandes surfaces. Comme pour les dépouillés, le fond doit être préalablement mouillé, et l'on emploie une couleur assez diluée. Cette fois cependant, on charge la peinture directement sur l'éponge et on tamponne rapidement, en essayant de répartir la couleur de manière uniforme. Ne jamais repasser l'éponge sur la peinture en train de sécher, pour ne pas risquer de l'enlever. Attendre plutôt que tout soit bien sec pour remplir les espaces éventuellement restés vides. Si la peinture forme, à l'application, une certaine épaisseur, c'est qu'on ne l'a pas assez diluée ; on peut y remédier en appuyant plus fort avec l'éponge mouillée.

CONSEILS UTILES

Il est préférable d'employer une éponge naturelle très découpée, qu'on rincera souvent pour la garder propre. On ne doit pas la faire tourner mais, en la serrant bien, la tamponner verticalement d'un geste régulier. Pour les « dépouillés », on commence par éponger les bords de la zone qu'on vient de peindre, sans quoi ils risqueraient de sécher en formant un halo ; c'est seulement ensuite qu'on peut s'occuper de l'intérieur. Si on voit que la surface est en train de sécher, on peut repasser dessus un peu de peinture plus diluée afin de gagner du temps pour finir les dépouillés. La peinture qu'on enlève doit être bien humide, sinon, au lieu d'obtenir un effet de peau d'orange, on risque d'arracher par plaques la pellicule colorée.

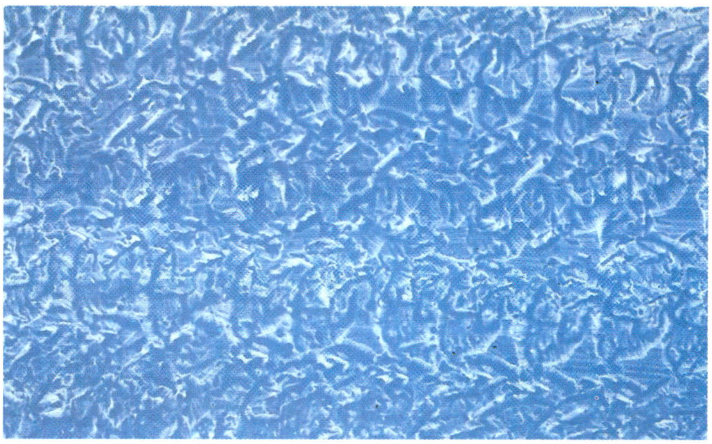

En haut, de gauche à droite : deux étapes de l'exécution de dépouillés au papier froissé ; ci-dessus, résultat final. En bas à droite : exemple de bois (sapin de Douglas) traité suivant la technique du « cérusage » au badigeon.

Dépouillés au chiffon ou au papier froissé

Cette technique est semblable à la précédente, mais le résultat obtenu diffère. A la place de l'éponge, on utilise du papier journal ou un chiffon bien froissé : les plis ainsi formés créent des dépouillés d'un autre aspect que la « peau d'orange ». Il faut se munir de nombreux bouts de chiffon ou feuilles de journal car, contrairement à l'éponge, on ne pourra pas les laver ; il faudra donc en changer dès qu'ils seront trop chargés de couleur ou que leurs plis auront disparu. Avant de commencer le travail, il est bon de faire un essai sur des planchettes en bois, sans oublier que l'effet produit sur l'échantillon sera légèrement différent de celui qu'on aura sur une surface plus étendue.

Aspect cérusé

Autrefois, pour désinfecter les planches de sapin ou de pin qui servaient à construire les maisons, on avait coutume, en Amérique surtout, de les badigeonner à la soude. Celle-ci, en pénétrant dans les fibres du bois, le blanchissait tout en faisant ressortir ses veines. Au début du XXe siècle, ce type d'effet devint en vogue en Europe, en France notamment, et l'on commença à traiter le bois avec un colorant blanc, la céruse, pour obtenir un résultat analogue à des fins esthétiques et non plus pratiques.

Obtention d'un décor irisé à la chaux. A gauche : le bois a été recouvert d'une couche uniforme de peinture ocre rouge. Ci-contre : on applique sur la peinture sèche une bonne couche de chaux éteinte, qui sera par la suite raclée au couteau (en dessous). En bas, à gauche : détail de l'effet obtenu ; à droite : l'objet fini.

Quand on possède un objet en bois tendre présentant de jolies veines qui méritent d'être mises en valeur, on peut employer des produits à céruser spécifiques (en vente au rayon ébénisterie des grands magasins) ou bien un banal badigeon, comme on en trouve dans n'importe quelle quincaillerie. La procédure est très simple. On applique sur le bois brut une bonne couche de badigeon assez épais (ce produit se dilue à l'eau) et on attend qu'elle sèche. Lorsque le fond est devenu blanc pur, on passe un coup d'éponge humide, puis on attend que la surface sèche de nouveau, laissant apparaître les veines. Enfin, on recouvre avec un vernis à l'eau.
Cette technique de décoration du fond, qui exalte les veines du bois, se prête particulièrement bien au décor country et peut être agrémentée de quelques ornementations simples, qu'on peindra par-dessus la couche de vernis.
On peut aussi obtenir un bel effet irisé en employant, à la place du badigeon, de la chaux éteinte (à ne pas confondre avec la chaux vive, très dangereuse). Avant d'appliquer la chaux (soluble dans l'eau), on passe une couche de peinture à l'eau teintée légèrement diluée : il est préférable de choisir une couleur vive, contrastant bien avec le blanc. Une fois que la chaux est devenue blanche et poudreuse au toucher, on la racle au couteau en suivant le fil du bois. Cette technique convient bien aux meubles modernes de formes sobres, car l'effet obtenu, très décoratif, se suffit à lui-même, sans autre ornement.

Les teintures pour bois

Quand on a la chance de posséder des meubles ou des objets en beau bois comportant de jolies veines, qui ne requièrent ni masticage ni consolidation, il serait dommage de les recouvrir de

Ci-dessus : pied de lampe traité avec des teintures couleur merisier et ébène. En haut, application d'une teinture à l'eau sur une tablette en bois brut : l'effet est spectaculaire. Au centre : échantillons obtenus avec des couleurs d'aniline.

décorations superflues : on recourra plutôt aux teintures, qui mettent le bois en valeur en le colorant sans le masquer. Cette technique est très couramment employée pour la réalisation de décors rustiques.
On trouve dans le commerce divers types de teintures. Il s'agit souvent d'anilines en poudre, à diluer dans de l'alcool ou de l'eau, mais il existe aussi des produits tout prêts – généralement à base d'huile – sous forme de liquides, de gels ou de crèmes. Pour ceux-là, il suffit de suivre les instructions du fabricant et de bien observer les nuances de couleur qu'on peut obtenir. Les produits gras sèchent plus lentement, ce qui facilite leur application.
Avec les anilines à diluer dans de l'eau ou de l'alcool, il est conseillé d'essayer plusieurs dilutions du produit sur une tablette échantillon. Les diverses couleurs d'anilines disponibles (marron, bleu, rouge vermillon, jaune citron, noir) peuvent également être mélangées entre elles pour obtenir d'autres nuances.
Certaines teintures à l'eau nécessitent plusieurs applications, suivies chaque fois d'un léger ponçage au papier abrasif (n° 240) car l'eau a tendance à faire gonfler les fibres du bois.
Par ailleurs, avec les teintures solubles dans l'alcool, qui ont l'avantage de sécher très vite, la coloration risque de foncer partout où l'on passe le pinceau plus d'une fois.
Quel que soit le type de teinture choisi, il vaut mieux, avant de commencer le travail, faire un essai sur un échantillon ou sur une partie cachée du meuble, car le bois réagit de façon variable selon sa provenance et la manière dont il a été traité, et la coloration finale est toujours susceptible de se révéler différente de celle à laquelle on s'attendait – sans parler des variations après séchage.
Si, après emploi d'une teinture à l'huile, la couleur n'apparaît pas uniforme du fait d'un mauvais dosage ou d'une erreur lors de l'application du produit, on peut y remédier en frottant aussitôt, mais très délicatement, les parties les plus sombres avec du white-spirit ou un autre solvant adapté.

Pour appliquer un produit tout prêt, en crème ou liquide, on a le choix entre un chiffon non pelucheux, en coton ou en laine, et deux pinceaux de tailles différentes – un pour les surfaces planes et un pour les parties chantournées.

Si on opte pour les couleurs d'aniline, il faut bien diluer la poudre dans l'eau ou l'alcool, puis charger le pinceau et badigeonner rapidement la surface en évitant de repasser sur les zones déjà traitées, pour ne pas renforcer la teinte de manière irrégulière. C'est seulement après séchage du produit qu'on pourra appliquer une seconde couche pour intensifier la coloration. Quand on a obtenu la teinte désirée, il faut, avant de passer à la décoration, appliquer du bouche-pores et une couche de vernis à l'eau. Ce dernier évitera que la peinture pénètre dans le bois si on doit compléter le décor en peignant quelques ornements.

Les couleurs d'aniline permettent aussi de créer un effet décoratif particulier, en donnant au bois neuf un aspect ancien. Pour produire cet effet de « bois vieilli », on délaye dans de l'alcool une pointe de poudre d'aniline jaune avec un soupçon d'aniline rouge. On obtient alors un liquide orangé transparent, dont il vaut mieux préparer une quantité importante car, si le mélange ne suffit pas pour terminer le travail, il sera ensuite très difficile de retrouver exactement la même nuance. La quantité d'alcool employée conditionne le volume de teinture et sa couleur : pour éclaircir celle-ci, il faut donc ajouter de l'alcool. Le liquide doit être appliqué au pinceau, avec rapidité et en « tirant » bien.

Quand la surface est complètement sèche, on doit la recouvrir d'un vernis bitumineux pour artistes allongé à la

térébenthine ou au white-spirit, qu'on passera à l'aide d'un chiffon ou au pinceau. Attendre ensuite que le vernis sèche pour poncer délicatement au papier abrasif n° 220. Terminer par une application de cire, qui accentuera l'effet de bois ancien.

A gauche : application d'une teinture en crème prête à l'emploi, à l'aide d'un chiffon propre.
Ci-dessus : opérations à effectuer pour obtenir un effet de « bois vieilli ». On commence par teinter le bois avec des couleurs d'aniline, puis on applique un vernis bitumineux dilué et, enfin, on ponce délicatement la surface traitée.

Ce simple banc en bois blanc a été personnalisé par la technique de la peinture grattée, qui lui a conféré un petit air ancien, puis par un décor au pochoir faisant écho aux motifs du coussin.

Ci-dessous, à gauche : la première étape de l'exécution d'une peinture grattée consiste à passer une couche de peinture à l'eau. Lorsque celle-ci est sèche, on prend une brosse ronde (à droite), pour appliquer par endroits un peu de cire vierge.

La peinture grattée

Pour obtenir un aspect de vieille peinture sur bois, on peut employer la technique de la peinture grattée. Celle-ci donne l'impression que le temps a usé la dernière couche de peinture, en laissant apparaître celle du dessous. Les ornements eux-mêmes auront l'air d'être anciens.

C'est un procédé qui convient tout particulièrement aux décors country, à condition d'être appliqué à des meubles d'un style approprié.

Avec une queue de morue n° 50, étaler sur le support convenablement préparé une couche de peinture de la couleur qu'on veut laisser entrevoir sous les éraflures ; celle-ci ne doit pas être trop diluée, pour rester bien couvrante. Après séchage, appliquer, à l'aide d'une brosse en soies n° 8, de la cire vierge sur les parties les plus sujettes à l'usure : dans le cas d'un meuble, ce sont les tiroirs et les bords.

Ôter la cire en trop et estomper les bords de celle qui reste avec un bout de chiffon. Appliquer ensuite la pein-

CONSEILS UTILES

Si l'on a frotté un peu trop énergiquement la peinture du dessus, on peut y remédier en appliquant une couche de patine très diluée. Le blanc du fond deviendra beige et semblera plus vieux. Les autres couleurs subiront un léger jaunissement, en conformité avec l'objectif final, qui est d'obtenir un effet « ancien » (en haut à droite). L'abus de cire donne un aspect écaillé (ci-contre) plutôt qu'éraflé.

ture de finition avec une brosse propre, de manière à recouvrir entièrement la couche précédente. Plus les couleurs seront contrastées, plus l'effet sera net. Si la dernière couche adhère mal, c'est probablement à cause d'un excès de cire ; il faut alors attendre quelques minutes, puis repasser de la peinture.
Attendre ensuite patiemment que la couleur sèche puis, avec un bout de chiffon ou de coton hydrophile imprégné de white-spirit, frotter toute la surface du meuble. La première teinte appliquée ressortira partout où l'on a passé de la cire. Ne pas frotter de manière circulaire, mais de gauche à droite, pour obtenir un effet estompé qu'on pourra accentuer en passant légèrement du papier de verre n° 180 ; il faut toutefois veiller à ne pas enlever les deux épaisseurs de peinture.

Ci-dessus, de gauche à droite : on essuie la cire en trop, puis on applique une seconde couche de peinture à l'eau, d'une couleur contrastante, de manière à obtenir un revêtement uniforme. Ci-contre : le mouvement à exécuter avec le morceau de coton imbibé de white-spirit.

Les techniques d'enrichissement des fonds

Nous avons vu que, pour obtenir un effet pictural donné, la technique choisie pour « décorer » le fond compte aussi : chaque style décoratif a un type de fond qui lui convient le mieux. Il faut aussi savoir qu'un décor n'est pas forcément un motif bien défini, comme une fleur ou une feuille : certaines applications de couleur simples, exécutées avec soin, peuvent suffire à orner des fonds déjà préparés suivant l'une des techniques décrites plus haut.

Pour effectuer des projections, le pinceau doit être tenu comme indiqué sur la photo du haut. Autrement, on risque d'obtenir des éclaboussures irrégulières et allongées, comme sur l'image ci-contre. Si la peinture a été trop diluée, les projections auront l'air d'une série de taches décolorées (photo du bas).

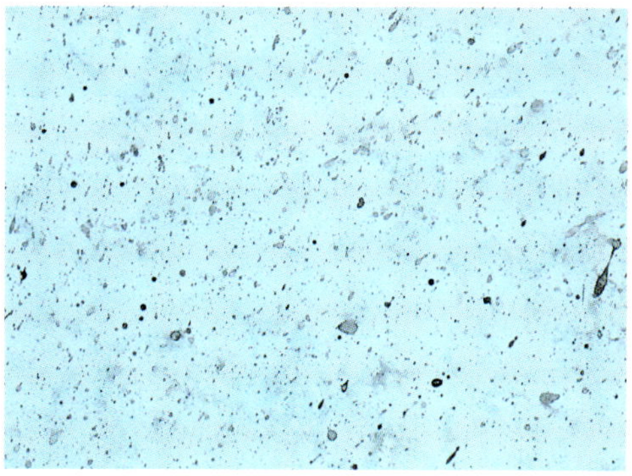

Avant de passer à la réalisation définitive, il est conseillé de faire quelques essais sur une planchette recouverte d'impression à l'huile, afin d'acquérir l'aisance nécessaire pour éviter les erreurs les plus grossières. Les règles de base une fois assimilées, on n'aura aucun mal à s'attaquer à des types de décors plus complexes.

Projections

On emploie surtout cette technique dans les faux marbres et pour rehausser des fonds peints à l'éponge. Elle consiste à réaliser de petites éclaboussures de peinture d'une couleur qui contraste avec celle du fond. On obtient ces projections en grattant, du bout de l'index, l'extrémité d'un pinceau (une brosse ronde en soies ou une brosse à pochoir) dont les poils auront été préalablement resserrés à la base – et donc raccourcis – avec du ruban de masquage.
Après avoir trempé le pinceau ainsi préparé dans la peinture (sans atteindre la limite du ruban), on le décharge un peu en le tapotant sur de l'essuie-tout. La peinture doit être assez diluée pour devenir fluide, mais pas au point de perdre son pouvoir couvrant.
En maintenant le pinceau bien perpendiculaire à la surface à décorer (qui doit être parfaitement sèche), on gratte ensuite les soies avec l'index tout en déplaçant progressivement la main de façon à obtenir une répartition homogène des éclaboussures. Il faut tenir le pinceau à environ 10 cm du mur ou de l'objet mais, quand on travaille sur des superficies très étendues, la taille de la brosse et sa distance par rapport au support doivent être augmentées en conséquence. Pour créer des projections fines et régulières, on peut aussi utiliser une brosse à dents.

CONSEILS UTILES

Pour les projections, la consistance de la peinture joue un rôle essentiel : si elle est trop diluée, les éclaboussures seront presque invisibles après séchage ; si elle est trop épaisse, il sera impossible de la projeter convenablement. Mieux vaut donc faire quelques essais préalables sur du papier journal.
Toujours tenir le pinceau perpendiculairement à la surface pour éviter les coulures. Si quelques gouttes de peinture tombaient malgré tout, les essuyer aussitôt avec un papier.

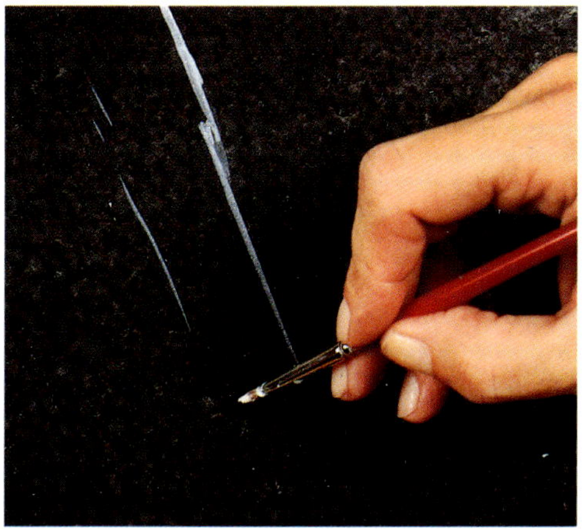

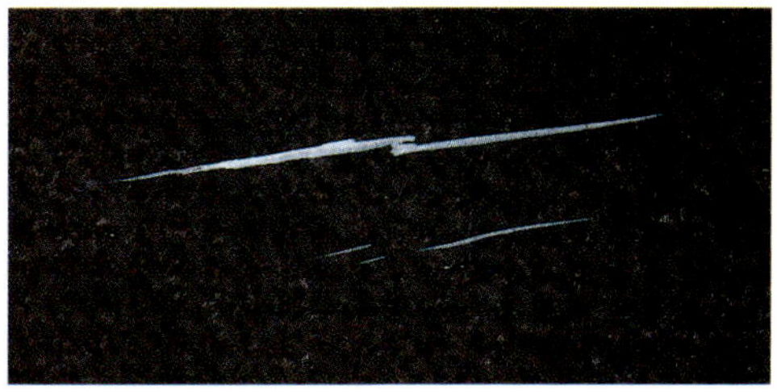

Ci-contre : deux exemples de veines droites, les plus simples à réaliser, sur un faux marbre noir marquina. Le pinceau doit être tenu comme indiqué sur la photo de gauche.

Veines

Apprendre à dessiner les veines est d'une extrême importance, pour réaliser des faux marbres, bien sûr, mais aussi pour acquérir une certaine dextérité dans le maniement des pinceaux. Les veines peuvent être de différents types : droites, petites et tremblées, fines et entrecroisées, classiques ou bien en forme de petit nuage.

Il est primordial que le fond sur lequel on travaille reste toujours humide. On trempe dans la peinture diluée la pointe d'un pinceau à retoucher en martre synthétique (d'une taille proportionnelle à celle de la veine qu'on souhaite obtenir), puis on dessine les traits en gardant la main ferme. Une veine doit toujours se terminer en s'estompant, et non de manière nette.

Ci-dessus : dessin illustrant l'allure typique d'un veinage de marbre. A gauche, en haut : exécution de petites veines tremblées (caractéristiques de la lumachelle). En bas : veines entrecroisées ; celles-ci peuvent être plus ou moins fines suivant le type de marbre.

Les veines droites sont les plus simples à réaliser. Les petites veines tremblotantes s'exécutent avec un pinceau à retoucher en fausse martre n° 2 et une peinture bien liquide. Le tracé doit être très tremblé, mais en conservant une allure rectiligne.

Pour les veines fines qui s'entrecroisent, il faut employer un pinceau à retoucher très fin, un n° 3 par exemple, et une couleur encore plus diluée (presque au point de ne former qu'une ombre). Les lignes de ces veines doivent présenter

Pour conférer aux veines un aspect naturellement tremblotant, la main ne doit pas reposer sur la surface à peindre (photo ci-contre). Ci-dessous : veinage caractéristique d'une imitation de marbre jaune de Sienne.

une épaisseur constante et se croiser en formant un réseau de mailles très irrégulières.

Les veines classiques se caractérisent par une allure tremblotante et irrégulière, qui suit néanmoins une direction précise. Elles commencent avec une certaine épaisseur, puis s'amenuisent peu à peu. Elles peuvent se ramifier, mais l'orientation des branches secondaires doit toujours rester la même que celle de la veine principale (les veines ne dessinent pas d'angles à 90°), alors même que leur épaisseur diminue. Le résultat final doit évoquer la trace laissée par une goutte d'eau qui glisse sur une vitre : elle tremblote et, si elle se divise en plusieurs gouttelettes, leur direction reste identique mais la taille des gouttelettes va décroissant. Il suffit d'ailleurs d'observer le veinage d'un vrai morceau de marbre pour saisir l'effet à rechercher.

Les veines classiques s'exécutent avec un pinceau à retoucher, en s'aidant d'une petite brosse plate. Dans ce cas aussi, le fond doit être très humide, pour que la peinture glisse mieux ; cela l'empêche en outre de sécher trop vite, ce qui laisse le temps d'apporter des corrections au tracé en l'estompant à l'aide d'une petite éponge ou de la petite brosse plate mouillée.

Pour tracer la veine, le pinceau doit être bien chargé de peinture et tenu avec légèreté, entre deux doigts. Il ne faut pas poser le bras : l'effet de tremblé n'en paraîtra que plus naturel. Le trait doit être tortueux et la pression doit diminuer progressivement, afin que la veine s'amincisse jusqu'à disparaître. Pour dégrader la couleur, on passe une petite brosse plate sur les bords.

On appelle « nuages » les taches blanches – évoquant précisément des nuages – qu'on rencontre parfois à l'intérieur des grosses veines (comme dans le lapis-lazuli) ou bien isolées (comme dans le marbre aver). Pour les imiter, il faut mouiller généreusement l'endroit choisi

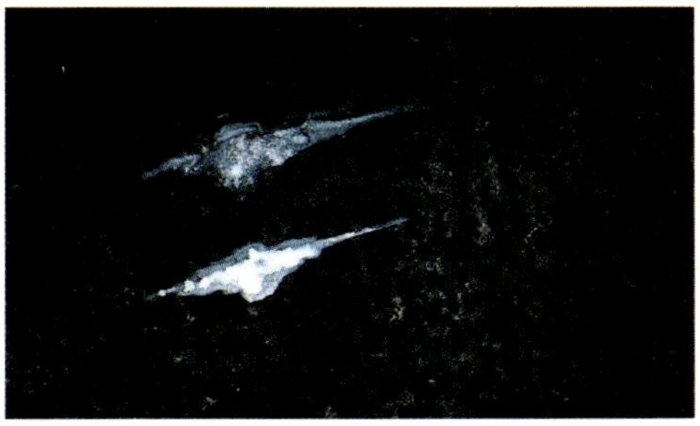

Ce type de glacis est employé pour corriger des résultats que l'on juge peu satisfaisants : de fait, avec un voile de terre d'ombre ou d'ocre rouge, il est possible de modifier nettement la coloration d'un marbre, ou de foncer à son gré la teinte d'un bois si celui-ci paraît, par exemple, trop jaune.
Dans les faux marbres, on a souvent besoin de glacis pour créer des nuances de couleurs variées à l'intérieur d'une même plaque. Là encore, il faut bien mouiller la surface avant de tamponner par endroits, à l'aide d'une éponge humide, la peinture très allongée à l'eau.
Par ailleurs, en insistant sur les veines, on obtient un bel effet voilé propre à atténuer d'éventuelles imperfections ; le veinage semblera en outre moins net, comme s'il était en profondeur, ce qui, par ailleurs, accroît notablement le réalisme de l'imitation.

A gauche, en haut : exemple de nuages qu'on peut exécuter sur de faux marbres du type noir marquina, serpentine mouchetée ou vert aver. En dessous : la même technique appliquée à une imitation de lapis-lazuli, pour accentuer la profondeur des veines.

et, avec une peinture très diluée, recouvrir le centre de la zone détrempée, en estompant légèrement les bords au pinceau : la coloration devra, au bout du compte, être plus intense au centre, même si c'est avec des irrégularités. Le résultat final (qu'on peut obtenir en s'aidant d'une éponge propre) devra évoquer des nuages allongés.

Glacis

Exécuter un glacis consiste à appliquer, au pinceau ou à l'éponge, un voile de peinture très diluée sur une surface déjà décorée. Ceci permet d'en modifier la tonalité générale, d'atténuer des veines ou bien d'indiquer des ombres (dans les décorations murales telles que les grotesques, la grisaille ou le trompe-l'œil).
Pour changer complètement la tonalité d'un élément qui occupe une petite surface (de fausses incrustations de marbre, par exemple, ou des parties en faux bois dans un trompe-l'œil), il faut beaucoup diluer la teinte choisie et l'appliquer de manière uniforme à l'aide d'une brosse plate de taille appropriée. Il est recommandé de faire d'abord un essai pour contrôler le pouvoir couvrant de la peinture diluée : passée sur une feuille de papier blanc, elle doit sembler tout à fait transparente.

Ci-dessus et ci-contre : quelques exemples d'application de glacis visant à modifier la teinte d'un bois ou (en bas) à renforcer la profondeur des veines d'un faux marbre.

LES FINITIONS

Une fois décorées, les surfaces doivent être protégées de la lumière, des chocs et des éraflures par un vernis. On trouve dans le commerce une vaste gamme de ces produits protecteurs, parmi lesquels il convient de choisir celui qui correspond le mieux à l'usage que l'on fera de l'objet et au type de décor.

Les vernis à l'eau

On les emploie pour protéger des surfaces qui n'auront pas à subir de sollicitations particulières. Ils ont notamment l'avantage de ne pas jaunir en vieillissant. Ces vernis existent en deux versions : opaques (mats ou satinés) et brillants. Une finition mate est généralement préférable.
Il s'agit de liquides visqueux, laiteux et très élastiques, qui deviennent complètement transparents une fois secs. Il faut les diluer à l'eau dans la proportion de 3 : 1 (3 doses de produit pour 1 dose d'eau), et ne les passer qu'après avoir bien nettoyé les surfaces à traiter à l'aide d'un chiffon humide pour éliminer toute trace de poussière ou de gras (empreintes de doigts, par exemple). Pour les appliquer, on se sert d'une brosse en oreille de bœuf ou en fibres synthétiques pour acryliques.
Il faut bien « tirer » le liquide, afin d'éviter la formation de gouttes. On vérifie ensuite, en observant la surface à contre-jour ou en lumière rasante, que le vernis ne s'est pas accumulé par endroits et ne manque pas ailleurs. Si certaines zones ont été oubliées, on retrempe le pinceau dans le produit et on l'applique sur les parties non vernies. Si l'on aperçoit des gouttelettes, il faut décharger le pinceau sur un chiffon ou sur du papier et le repasser sur les gouttes pour les aplatir.
Quand la première couche est complètement sèche (quelques heures suffisent, en général), on doit en repasser au moins une deuxième. Entre deux couches, on ponce délicatement la surface, avec des mouvements circulaires, en utilisant du papier abrasif imperméable n° 600 préalablement mouillé (il suffit de le passer rapidement sous l'eau).
Enfin, on essuie à l'aide d'un chiffon humide les éventuels restes de poussière et on termine, si besoin est, par une application de cire ou de patine.

Ci-contre : après avoir été décoré à la main de motifs rustiques, ce coffret reçoit une couche de vernis à l'eau.
A droite : protection d'une surface en faux marbre avec un vernis brillant à l'huile.

Les vernis à l'huile

Diluables dans le white-spirit, les vernis à l'huile ou vernis gras ont une consistance plus visqueuse que les produits à l'eau ou à l'alcool. Ils sont donc plus dif-

ficiles à étaler et sèchent beaucoup plus lentement. En contrepartie, ce type de vernis confère une protection supérieure : il est recommandé pour tous les décors effectués sur des surfaces soumises à des frottements répétés.
On trouve dans le commerce des vernis à l'huile brillants ou satinés. Dans certaines marques, les deux versions peuvent être combinées pour obtenir un produit intermédiaire, dont l'effet sera comparable à celui de la cire. Si l'on opte pour cette dernière solution, il faut prendre deux doses égales de vernis de chaque type et, après les avoir mélangées, les diluer au white-spirit dans la proportion de 2 : 1, opération qui peut prendre un certain temps. Si des grumeaux se forment, on doit filtrer le tout à travers un petit tamis à mailles serrées comme ceux qu'on emploie pour le sucre glace (bien entendu, il sera bon à jeter ensuite), ou à travers un vieux bas en nylon. Si le vernis s'est solidifié sans avoir séché, il suffit de le réchauffer au bain-marie pour qu'il retrouve sa fluidité.
Pour vernir, on commence par bien nettoyer la surface à traiter avec un chiffon sec. Ensuite, on passe le produit avec délicatesse et rapidité, à l'aide d'une brosse en oreille de bœuf n° 50 qui doit être parfaitement propre et sèche. On part toujours du centre, pour pouvoir repousser d'éventuelles accumulations de produit vers l'extérieur. Il faut surtout veiller à ne jamais repasser le pinceau sur une zone qui est en train de sécher, autrement on risquerait de se retrouver avec la marque des poils imprimée sur la surface. Avant que le vernis sèche, essayer d'aplanir d'éventuelles épaisseurs en les lissant légèrement avec une brosse imprégnée de white-spirit. Laisser sécher au moins 24 heures avant d'appliquer la deuxième couche.
Après chaque couche, on ponce légèrement la surface avec du papier abrasif n° 600 préalablement mouillé, en effectuant des mouvements circulaires, comme pour les vernis à l'eau. Si l'on a utilisé un vernis brillant, il vaut toutefois mieux éviter de poncer la dernière couche, qui perdrait alors son éclat.
Les vernis gras ont tendance à jaunir, mais deux couches suffisent pour créer un film protecteur beaucoup plus épais que celui qu'on obtient avec les produits à l'eau.

Les gels polyuréthanes

Ils se présentent comme une gélatine, ne se diluent pas, sont plus transparents et plus faciles à appliquer que les vernis à l'huile, et existent en brillant et en satiné.
Les gels brillants confèrent un aspect vitrifié tandis que les gels satinés donnent une finition plus naturelle. Il est préférable d'employer ces produits sur de petits objets, et seulement si l'on a décidé de ne pas les patiner ni les cirer.
On applique ces gels avec une brosse en oreille de bœuf n° 50 parfaitement propre et sèche, en plongeant directement le pinceau dans le pot avant de le passer sur la surface à traiter : le gel ne garde pas la marque des poils. Il faut en passer une seconde couche au bout de 24 heures, mais il n'est pas nécessaire de poncer entre les deux.

Ci-dessus : application d'un gel polyuréthane sur un objet traité avec une teinture couleur merisier. Pour être sûr du résultat final, il est préférable de tester d'abord le produit sur une planchette-échantillon, dont le fond aura été traité de la même manière que la surface à vernir.
En bas : la cire doit être appliquée au pinceau.

La cire

Quand on a verni une surface avec un produit gras ou maigre, on peut lui conférer un aspect plus naturel en la cirant. Il faut appliquer la cire au pinceau puis, au bout d'une heure environ, faire briller avec un chiffon propre non pelucheux (l'idéal est un vieux tricot de corps en laine).

Les patines

Certains décors, sur bois notamment, gagnent à paraître plus anciens qu'ils ne le sont vraiment. Pour donner l'illusion

Produits nécessaires pour préparer une patine à partir de vernis bitumineux. Le liquide doit être appliqué à l'aide d'un vieux pinceau (le mieux est d'utiliser une brosse en soies de 30 à 40 mm). On élimine ensuite l'excédent en frottant légèrement la surface avec un chiffon doux, ce qui permet d'obtenir un résultat moins uniforme, et donc plus réaliste (en bas). En dessous : application de patine sur un vase en terre cuite décoré en faux marbre jaune de Sienne. L'étape suivante (en bas) consiste à retirer la patine en trop à l'aide d'un chiffon, jusqu'à obtention de l'effet souhaité.

qu'ils ont subi les outrages du temps, on peut les « vieillir » avec un produit à patiner.

On trouve dans le commerce diverses préparations – liquides ou en crèmes – à cet usage. Certaines créent un effet moins prononcé lorsqu'on les dilue au white-spirit.

Le produit doit être appliqué sur toute la surface à traiter, à l'aide d'une brosse en soies de 30 à 40 mm. Avant qu'il sèche, on le frotte avec un chiffon doux pour obtenir un aspect moins uniforme. Bien entendu, l'effet sera plus naturel si on applique davantage de patine dans les rainures de l'objet, où il est plus probable que le temps ait laissé sa marque. Le résultat final sera un aspect de vieux meuble décoré, qu'on dépoussiérera ensuite avec un chiffon propre et sec.

On peut aussi obtenir d'excellents résultats en préparant une patine avec le vernis bitumineux vendu en quincaillerie. Il faut toutefois savoir que ce genre de patine assombrit énormément les couleurs ; il est donc conseillé, avant toute application, de faire un essai sur un coin du meuble ou de l'objet à traiter pour contrôler l'effet sur le décor peint.

Dans un bocal en verre fermant hermétiquement, on dissout une pointe de vernis bitumineux dans trois doigts de white-spirit, puis on ajoute trois cuillerées de siccatif et une d'huile de lin cuite (en vente en quincaillerie, comme le siccatif). On mélange bien avec une baguette en bois et on laisse reposer 24 heures, sans refermer le bocal pour que le white-spirit en trop s'évapore.

Par la suite, il faudra bien refermer le bocal après usage car, dans de bonnes conditions, le vernis bitumineux se conserve plusieurs mois. Si, au moment de s'en resservir, on s'aperçoit qu'il a séché, il suffira de rajouter un peu de white-spirit et de siccatif.

Le liquide ainsi obtenu doit être appliqué sur une surface déjà recouverte d'au moins une couche de vernis à l'eau. Pour l'étaler, employer un vieux pinceau qui sera exclusivement réservé à cet usage. Avant que le produit sèche, il faut passer dessus un chiffon en coton ou de l'essuie-tout pour mieux le répartir et retirer l'excédent ; le résultat final dépendra de la quantité éliminée. Il est bon d'en laisser davantage dans les rainures et, si l'on veut accentuer l'impression de saletés accumulées au fil des ans, on peut même saupoudrer un peu de talc puis repasser dessus, au bout d'un moment, un pinceau propre et sec. Quand la surface est bien sèche et ne colle plus au toucher (ce qui prend environ 24 heures, selon la quantité de siccatif employée), on l'essuie avec un chiffon humide. Enfin, on termine par une application de cire.

Ci-dessus : panneau traité en fausses incrustations de pierres dures et vieilli à la patine.

Ci-dessus : meuble rustique ciré.
A droite : cadre orné de fausses incrustations en bois et recouvert d'un vernis protecteur à l'eau.

L'ORNEMENTATION

Le dessin et la couleur jouent un rôle déterminant dans tous les types de décoration, car c'est d'eux que dépend l'harmonisation du décor avec le milieu qui l'entoure. Il importe donc, avant de se mettre au travail, de bien examiner les éléments environnants. Pour choisir ses motifs, on peut s'inspirer d'un tissu ou d'un papier peint déjà présent dans la pièce où viendra s'insérer la nouvelle décoration, ou bien consulter des livres d'ameublement et de botanique. Les revues et publications spécialisées qui fournissent, classés par styles et par époques, de véritables répertoires d'ornements constituent également d'excellentes sources d'inspiration. Il ne faut pas avoir honte de s'en servir : de tout temps, les artistes ont étudié et copié les ouvrages de leurs prédécesseurs pour réaliser leurs propres créations.

Quel que soit le point de départ, une fois qu'on aura choisi le motif à reproduire, il faudra l'adapter aux dimensions de la surface à peindre. Ensuite, après l'avoir réduit ou agrandi, on devra le transférer sur le support de la décoration. Pour ce faire, il vaut mieux employer du papier graphite (en vente dans les magasins de fournitures pour artistes) que du papier carbone, avec lequel on risquerait de salir le fond de manière indélébile. Le papier graphite doit être essuyé avant usage avec du papier absorbant pour éviter que le surplus de poudre de graphite tache le support. Après avoir déterminé l'emplacement exact où l'on peindra le décor et son orientation, on fixe le dessin avec du ruban adhésif en papier, d'un seul côté pour pouvoir glisser dessous le papier graphite. Ce dernier doit également être fixé avec du papier adhésif, sa partie grise tournée vers la surface à décorer.

On repasse alors sur les traits du dessin avec un stylo, de couleur de préférence pour mieux visualiser le travail déjà fait et éviter de passer deux fois au même endroit. Il faut veiller à ne pas frotter le dessin avec le bras ou la main, et contrôler régulièrement que la feuille n'a pas bougé de sa position initiale.

Pour trouver des idées de motifs décoratifs, on peut consulter des livres ou des revues d'ameublement (page ci-contre). Ci-dessus : plateau de table en faux marbre agrémenté d'ornements végétaux.

Ci-dessus : feuilles de papier graphite et rouleau de calque.
En haut, à droite : transfert du dessin choisi sur un objet, à l'aide de papier graphite ; il s'agit ici d'un obélisque en bois peint.
Au centre : exemple de masquage effectué pour peindre le dos d'un volume en trompe-l'œil.
En bas : une illustration tirée d'un livre a été transformée en motif de pochoir par la création de « ponts » judicieux.

Quand on a fini de transférer le motif, on passe une éponge humide pour ôter l'excédent de graphite. En cas d'erreur, ne pas essayer d'effacer à la gomme, mais frotter énergiquement avec un chiffon mouillé puis poncer légèrement au papier de verre.

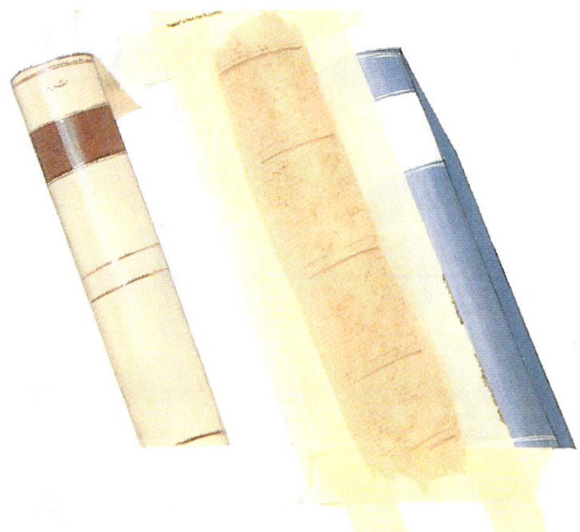

Le masquage

Pour les décors tyroliens et country, on peut commencer à peindre dès qu'on a reporté le dessin, mais pour les marqueteries et incrustations en faux bois ou en faux marbre, il faut d'abord procéder à un masquage car chaque élément du des-

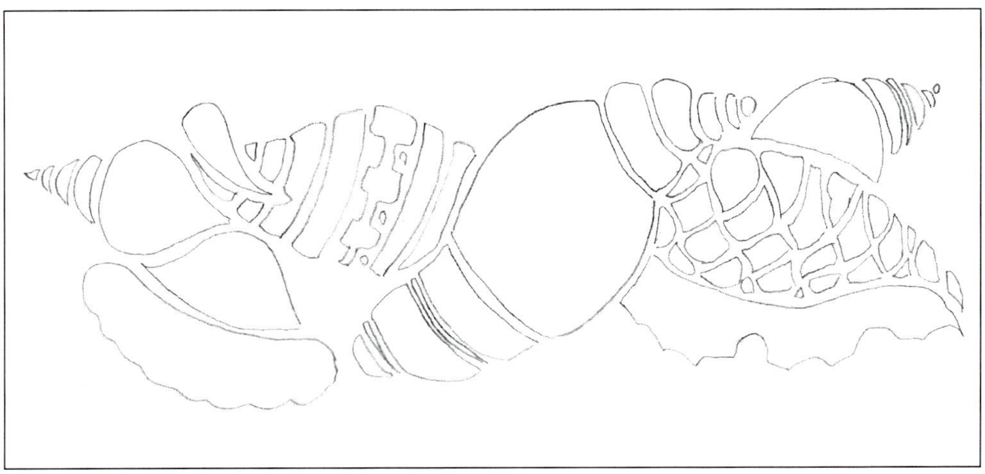

A gauche : sur une plaque de bois qui doit devenir un plateau de table en faux marbre, on a reporté au papier graphite un motif d'incrustations avant de procéder à son masquage. En bas : étapes de la réalisation d'un décor en fausses incrustations de marbre.

sin sera réalisé avec des techniques et des couleurs différentes. Pour les décorations murales aussi, il est souvent utile de recourir au masquage. Cette opération est en tout cas nécessaire chaque fois qu'on risque, en peignant une partie du motif, d'abîmer celle d'à côté. Le masquage s'effectue avec du ruban de papier adhésif, qu'on décharge au préalable sur un chiffon pour le rendre moins collant et éviter qu'il endommage le support quand on l'enlèvera. Une fois posé, le ruban doit être découpé à l'aide d'un cutter (sans trop appuyer pour ne pas entamer le support) de manière qu'il suive parfaitement les contours du motif : ce dernier transparaît en principe sous le papier adhésif, ce qui facilite l'opération. On recouvre d'abord les parties du dessin qui seront peintes en dernier. Dès qu'on a fini d'appliquer la couleur sur les zones découvertes, on retire le ruban de masquage en éliminant au fur et à mesure, à l'aide d'un chiffon humide, les éventuelles bavures de peinture avant qu'elles sèchent. Après séchage complet, on applique du ruban neuf (déchargé d'abord sur un chiffon, comme précédemment) sur les parties déjà peintes, de manière à ne plus laisser apparaître que celles qui restent à colorer.

Pour masquer de petits éléments (comme

La petite séquence photographique ci-dessus montre les étapes du masquage au liquide de petites inclusions dans un faux marbre.
Ci-dessous : identification des ponts et des fenêtres sur un motif peint au pochoir.
A droite : un pochoir après utilisation. Noter les repères verticaux et horizontaux et la répétition des bords du motif dans les coins pour permettre un positionnement correct.

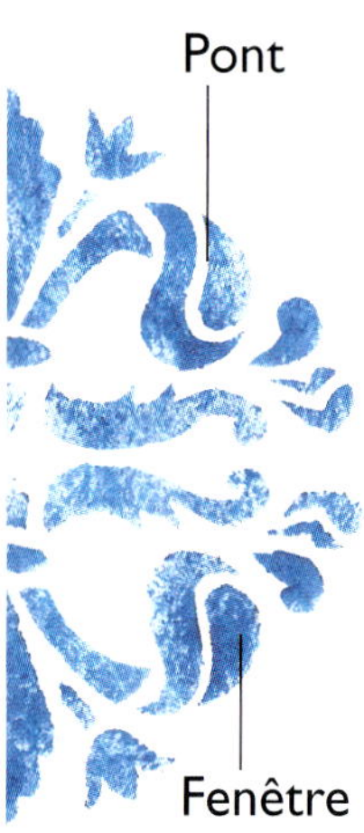

des cailloux dans les faux marbres du type brèche), on peut utiliser du liquide à masquer pour couleurs acryliques (en vente dans les magasins de fournitures pour artistes). Ce produit s'applique sur les parties à protéger à l'aide d'un petit pinceau (qu'on nettoiera aussitôt après usage, à l'eau chaude et au savon). Dès qu'il est sec, on peut passer la peinture sans craindre de déborder sur les zones recouvertes. Le film protecteur s'enlève à la gomme.

Les pochoirs

On appelle ainsi de fines plaques en carton imperméabilisé, en acétate ou en plastique (elles étaient jadis réalisées en cuivre), évidées suivant un dessin précis, qui permettent de peindre aisément un même motif en plusieurs exemplaires.
Lorsqu'on passe sur ces plaques une brosse chargée de peinture, la couleur, passant à travers les trous, se fixe sur le fond en formant le motif désiré. Les zones colorées correspondent aux parties évidées ou « fenêtres » du pochoir, les zones dépourvues de couleur aux « ponts ». On trouve dans le commerce des pochoirs tout faits, mais un bon décorateur doit être capable de réaliser lui-même le pochoir correspondant au motif qu'il a choisi. Pour fabriquer un pochoir, on peut employer – outre l'acétate et le plastique transparent – du carton rigide ou du papier parchemin, à condition d'imperméabiliser d'abord ces derniers avec des produits spécifiques. Bien que moins résistants, les matériaux transparents facilitent le décalque du dessin et la mise en couleurs, car ils permettent de voir ce qui se trouve en dessous. On doit nettoyer les pochoirs en acétate aussitôt après usage avec un chiffon mouillé, en faisant attention à ne pas les casser. Si l'on a trop tardé et que la peinture a déjà séché, il faudra employer de l'alcool. Pour des travaux sur de grandes surfaces où le motif se répète souvent (comme la décoration de la corniche d'une pièce, par exemple), il vaut mieux préparer plusieurs pochoirs.
On reporte le dessin choisi sur du calque (en sachant qu'il pourra ensuite, le cas échéant, être agrandi ou réduit à la photocopieuse directement sur l'acétate), puis on marque bien ses contours au crayon.
On passe ensuite à la création des ponts, c'est-à-dire des bandes qui renforcent le pochoir en traversant les différentes zones à évider. On place enfin l'acétate sur le calque et, avec un feutre indélébile, on reporte les contours du dessin transformé en combinaison de fenêtres et de ponts.
Pour découper le pochoir, il faut poser l'acétate sur une planche de bois et utili-

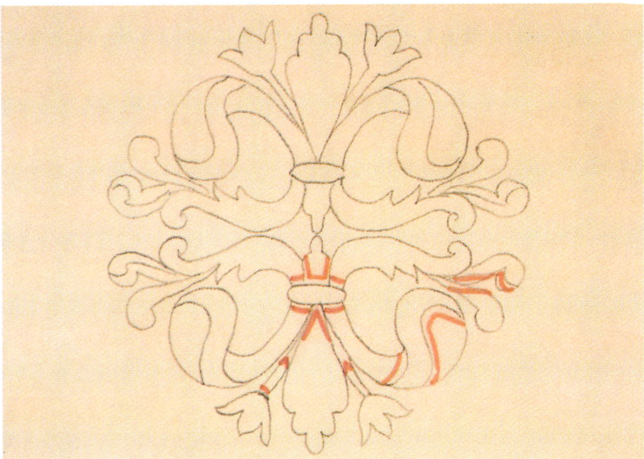

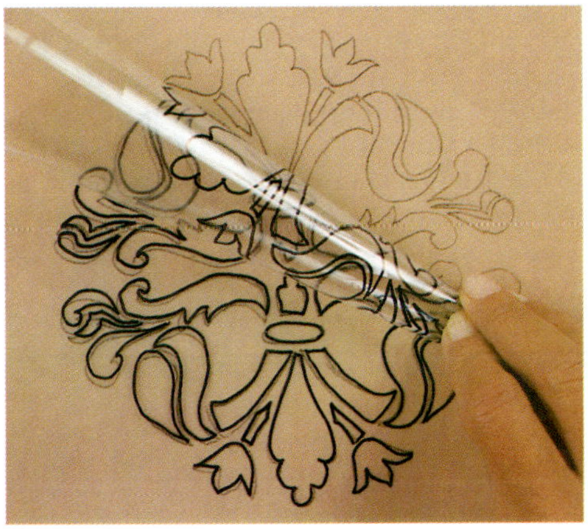

En haut : le décor de ce carreau en faïence va être transformé en pochoir.
Au centre : après avoir décalqué le motif, on définit les ponts et les fenêtres.
En bas : le dessin une fois reporté sur l'acétate, il reste à découper les fenêtres.

ser un cutter à lame très tranchante. S'il y a des formes arrondies à découper, ne pas tourner autour avec le cutter, mais maintenir la lame en place et faire pivoter l'acétate. Si l'on doit enchaîner les motifs de manière répétitive (pour une frise ou une bordure, par exemple), préparer un pochoir qui comportera, de part et d'autre du motif complet, sa fin et son début : on pourra ainsi, en le positionnant sur le mur, s'assurer qu'on maintient toujours la même distance entre deux motifs. Dans tous les cas, tracer sur le pochoir un trait horizontal et un autre vertical, pour pouvoir orienter plus facilement le dessin.

Quand un pochoir se déchire, on peut le réparer en collant sur chaque face, au niveau de la rupture, un petit morceau de ruban adhésif.

Dans le choix d'un motif décoratif, il faut tenir compte de l'objet à orner. Ci-contre : l'itinéraire de la caravelle de Christophe Colomb a été reproduit sur un œuf en bois. La séquence de droite montre comment le pinceau doit être chargé puis débarrassé de l'excédent de peinture en le faisant tourner sur lui-même. Ci-dessous : deux erreurs d'évaluation concernant la taille du pinceau ; à gauche : une pointe trop fine par rapport à la surface à recouvrir donne une coloration irrégulière ; à droite : avec un faisceau de poils trop épais, on risque de déborder du tracé.

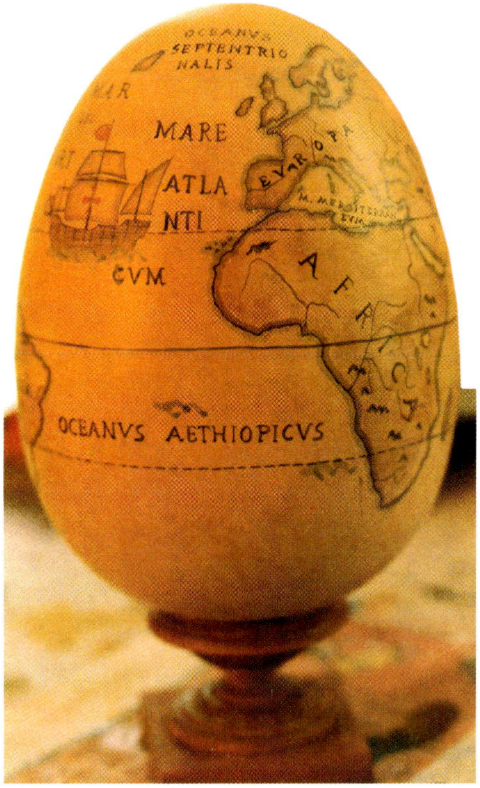

LES MOTIFS DÉCORATIFS

De tout temps, les hommes ont éprouvé le besoin d'embellir leur cadre de vie. Les motifs décoratifs portent naturellement la marque de l'époque et du lieu qui les ont vus naître. Nous n'examinerons dans ce livre que les ornements d'origine européenne, en laissant de côté les motifs africains, sud-américains ou orientaux.

Par motif décoratif, on entend cet ensemble de figures, d'arabesques et d'encadrements qui peuvent enrichir un objet ou un mur. Les types de techniques et de dessins s'associent donc pour caractériser le style d'une décoration.
Tout d'abord, quelques considérations simples sur l'utilisation du pinceau s'imposent. Il ne doit jamais être trop chargé : quand on l'a trempé dans la peinture, il faut le faire tourner sur lui-même pour enlever l'excédent de liquide.
Pour exécuter des lignes droites ou des contours, on s'appuie sur le coude et l'on maintient le pinceau perpendiculaire à la surface à décorer ; essayer de garder une pression constante et d'orienter toutes les touches dans le même sens, afin d'obtenir un résultat aussi uniforme que possible. Il faut aussi veiller à rester toujours dans les limites du dessin sans déborder et, pour ce faire, il importe de choisir un pinceau d'une taille adaptée.
Les motifs décoratifs les plus courants sont les frises, les fleurs et les feuilles ; leur forme et la technique picturale employée diffèrent suivant l'époque d'apparition et le style de la décoration.

Exemples de motifs décoratifs caractéristiques d'époques diverses :
1 - Rome antique et Grèce classique ;
2 - roman, 1400 ;
3 - médiéval, nord de l'Europe (gothique) ;
4 - France et Angleterre, XVIe siècle ;
5 - France, XVIIe et XVIIIe siècles ;
6 - France, XVIIe siècle ;
7 - fin du XIXe siècle ;
8 - début du XXe siècle ;
9 - motif typiquement tyrolien ; il n'a pas changé au fil des siècles.

Ci-dessus : des aplats de couleurs différentes peuvent suffire à rehausser un dessin.
En bas : le décor de cette vieille baignoire en fonte reprend le motif du sol de la salle de bains (ci-contre).

La couleur peut être plate – elle constitue alors un simple remplissage du dessin – ou bien dégradée, pour conférer du relief et de la rondeur au décor. Dans les grisailles, on arrive même à donner l'illusion du volume par le simple jeu des lumières et des ombres.
Pour réaliser une coloration dégradée, on prépare la teinte en trois valeurs ou tons différents : clair, moyen et plus foncé. Quand on parle des lumières d'un dessin, on se réfère à un ton plus clair que celui de la couleur de base, constituée par la valeur moyenne ; quand on parle des ombres, il s'agit d'un ton plus foncé. Pour appliquer la couleur de base, on emploie un pinceau d'artiste en martre synthétique ; pour les lumières et les ombres, on prend un pinceau en martre plus petit.

Il est important d'utiliser plusieurs tons pour colorer les différentes parties d'une plante. Pour les fleurs et les feuilles les plus grandes, qui correspondent en principe aux premiers plans, il faut adopter un ton sombre. La teinte la plus claire sera employée pour les fleurs plus petites, afin d'accentuer l'effet de profondeur. Le revers des pétales et le dessous des feuilles doivent être d'une couleur qui tranche avec le reste, pour faire ressortir leurs courbes et leurs plis.

En haut : corniche agrémentée d'une frise de motifs floraux. Ci-dessus : à gauche, une branche fleurie ; les variations dans la luminosité des fleurs et des feuilles confèrent de la profondeur au dessin. Ci-dessus : étapes de la mise en couleurs d'une des fleurs du bouquet ci-contre.

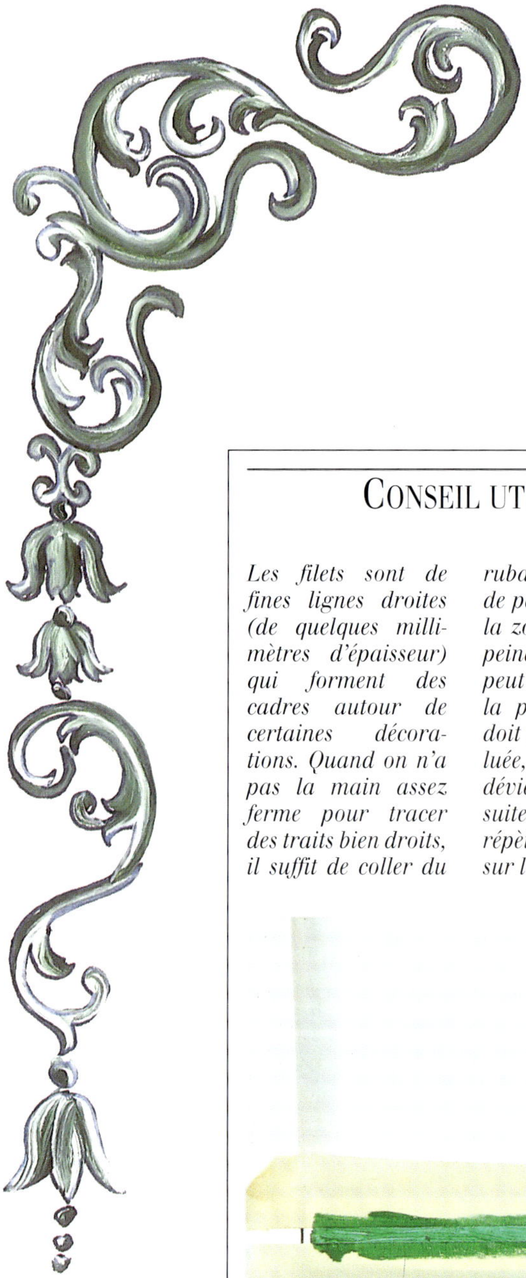

CONSEIL UTILE

Les filets sont de fines lignes droites (de quelques millimètres d'épaisseur) qui forment des cadres autour de certaines décorations. Quand on n'a pas la main assez ferme pour tracer des traits bien droits, il suffit de coller du ruban de masquage de part et d'autre de la zone où l'on veut peindre la ligne. On peut alors appliquer la peinture, qui ne doit pas être trop diluée, sans crainte de dévier. On retire ensuite le ruban et on répète l'opération sur les autres côtés.

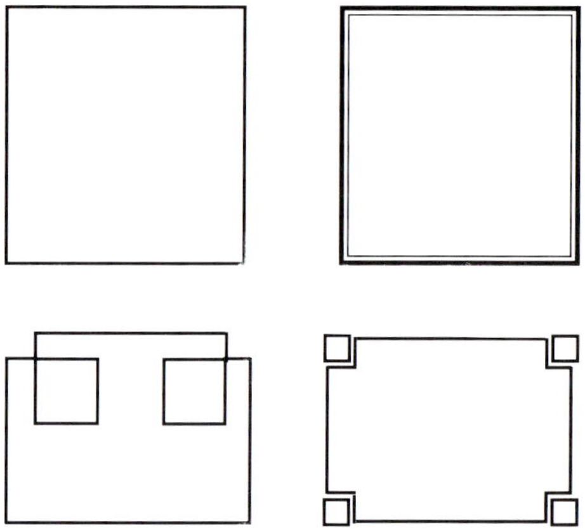

Ci-dessus : décor d'angle reprenant un classique motif tyrolien.
En haut : à droite, exemple d'ombres et de lumières sur une rose.
Dans l'encadré : en haut, plusieurs combinaisons de filets et, en bas, exécution d'un trait droit à l'aide de ruban de masquage.

La photo ci-contre montre le mouvement tournant qu'on doit imprimer au pinceau pour réaliser des motifs tyroliens ; c'est ainsi qu'on obtient leur typique effet d'ombres et de lumières.
En bas : exemples d'application de cette technique à quelques motifs de feuilles et de fleurs.

La teinte sera plus ou moins diluée suivant qu'on recherche un effet d'opacité ou de transparence. Il est préférable de peindre les pétales un par un : quand la couleur de base est sèche, il faut décider quelles parties de chaque pétale on va ombrer et les retoucher avec le ton le plus sombre (en général, on fonce la partie la plus proche du centre de la fleur). On devra de toute façon poser par endroits quelques touches de lumière. Pour faciliter le travail, on peut mouiller la surface auparavant.

Dans les décors tyroliens, les lumières et les ombres sont obtenues en une seule fois : on trempe le pinceau dans la peinture de la couleur voulue, on le décharge un peu, puis on le charge d'un côté avec du blanc. Le mouvement est unique : on fait tourner le pinceau sur lui-même. Les deux peintures étant fraîches, elles ont tendance à se fondre l'une dans l'autre.

LE FAUX MARBRE

Dans la Rome du XVIe siècle, le regain d'intérêt pour l'Antiquité et les vestiges archéologiques qu'avait suscité la Renaissance favorisa le développement d'un goût croissant pour les marbres et la pierre, dont la Rome impériale s'était revêtue. Dans de nombreux palais et églises, les marbres polychromes antiques resurgirent. C'est aussi à cette époque que naquit l'art des décors en incrustations de marbre et pierres dures. Presque simultanément, dans toute l'Europe, on se mit à imiter les marbres sur du bois et, en Italie par exemple, les balustrades de diverses églises de province se retrouvèrent ainsi ornées. Bien que cette technique soit apparue comme une solution de repli, en remplacement du vrai marbre, son essor fut rapide et elle devint bientôt une forme de décoration à part entière.

Avant de s'attaquer à un décor en faux marbre, il convient de se documenter sur le ou les types de marbre qu'on souhaite reproduire pour bien saisir leurs nuances de couleur et, le cas échéant, l'allure naturelle de leur veinage, assez homogène dans la plupart des cas. Il est en effet essentiel de dessiner convenablement les veines les plus caractéristiques : celles qui, bien imitées, donnent l'illusion qu'on a affaire à du vrai marbre. On peut même commencer par décalquer le dessin des veines d'une véritable dalle de marbre pour le reporter sur la surface à décorer. Par ailleurs, si on compte imiter un décor d'incrustations, il sera plus important de soigner les détails du motif et les effets de juxtaposition de couleurs que d'imiter scrupuleusement chaque morceau de marbre ; ces derniers en effet, étant de petites dimensions, ne présentent pas de difficultés d'exécution particulières. Il est en tout cas primordial d'étudier des modèles réels, en consultant par exemple des catalogues, des revues ou des livres sur les meubles et les objets d'art ancien.

Page ci-contre : un plateau de table en bois orné de fausses incrustations de marbre. Ci-dessus : partie centrale d'une table en malachite entourée de marbre jaune de Sienne et de lapis-lazuli.

S'efforcer de peindre des marbres anciens, qui ne sont plus extraits et dont l'existence ne nous est connue que par des œuvres antiques, est bien sûr plus gratifiant que copier un marbre qu'on peut trouver sur le marché. Les marbres courants sont toutefois plus indiqués pour débuter, car plus faciles à reproduire ; ils sont en outre souvent employés pour enrichir des trompe-l'œil.

En règle générale, pour imiter un marbre, mieux vaut travailler sur un fond recouvert de quelques couches d'impression à l'huile. Dans certains cas cependant, que nous indiquerons au fur et à mesure, une bonne sous-couche à l'eau bien couvrante peut suffire. Il faut toujours effectuer un ponçage soigneux au papier abrasif car la surface doit devenir aussi lisse que celle du vrai marbre. De toute façon, avant de décider du mode de préparation du fond, il convient de bien définir son projet de décoration.

Si l'on opte pour un motif en incrustations, l'on devra, après avoir réalisé le dessin, le reporter sur la surface à

Ci-contre : un décor du XVIe siècle en incrustations de marbre.
Page ci-contre, en haut : traité en faux porphyre, ce banal vase en bois est devenu un superbe objet.
En bas : boules en bois dont le revêtement peint imite des marbres antiques ; de gauche à droite : brèche polychrome du Capitole, lapis-lazuli, jaune de Sienne, brèche jaune antique.

CE QU'IL FAUT

Seau, assiettes et verres en carton, éponge, couleurs (acrylique ou peinture à l'eau), brosses plates en soies de porc et en oreille de bœuf, petite brosse ronde, pinceaux à retoucher en martre synthétique de tailles différentes, brosse à dent

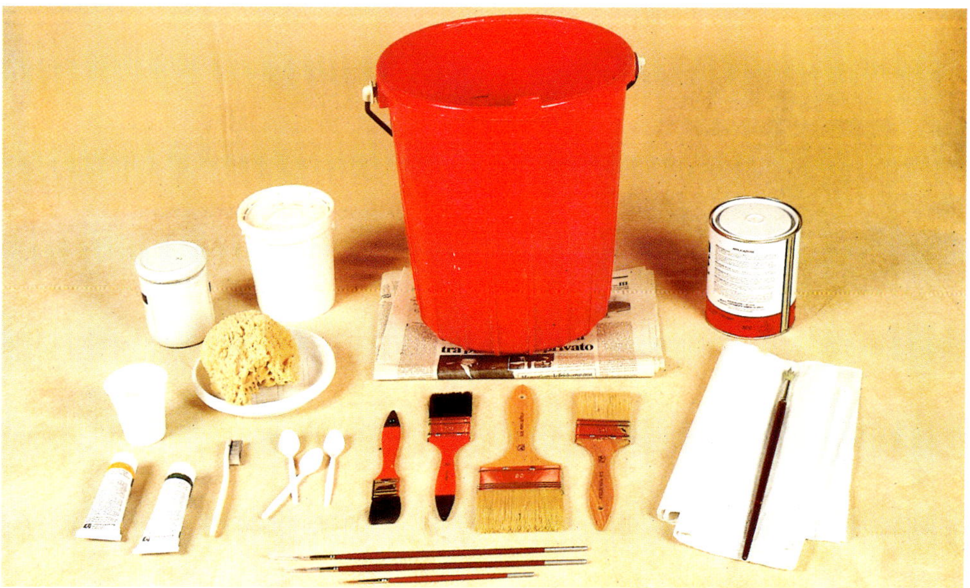

peindre puis exécuter des masquages successifs de ses différentes parties. Pour un décor comportant un fond très clair et des incrustations sombres, on ne reportera le dessin qu'après avoir peint le fond. Sur des objets de forme sphérique, il est nécessaire d'exécuter la décoration en une seule fois, en faisant tourner l'objet entre ses mains. On pourra ensuite, après séchage, corriger par de petites retouches les éventuelles empreintes de doigts.
En ce qui concerne les couleurs, les vrais marbres présentent une vaste gamme de nuances ; il importe donc de repérer la tonalité qui s'adapte le mieux au cadre environnant. Il est toujours préférable de faire des essais sur un échantillon : pour colorer un marbre vert par exemple, l'emploi de bleu n'est pas forcément indispensable ; il ne s'impose que si l'on part d'un vert très chaud (comportant un pourcentage élevé de jaune), qui a besoin d'être refroidi.
Pour la finition, si le jaunissement habituel des vernis gras risque de nuire à la coloration d'ensemble, il faudra appliquer quatre ou cinq couches de vernis à l'eau, toutes suivies d'un ponçage homogène au papier abrasif imperméable n° 600 ou, si possible, n° 800. Enfin, pour obtenir un brillant naturel, on passera deux couches de cire vierge.

Trompe-l'œil de palier avec fenêtre donnant sur la campagne ; les marches et le rebord de fenêtre sont en pietra serena.

PÉPÉRIN ET *PIETRA SERENA*

Le pépérin et la *pietra serena*, ou pierre de Florence, sont deux roches d'origine sédimentaire d'aspect très semblable. On s'en sert couramment, en Italie surtout, pour réaliser des plinthes, des bandeaux, des moulures et divers autres ornements architecturaux. Autrefois, le pépérin a été très utilisé dans les palais romains ; la *pietra serena* est plus fréquente à Florence.
Ces types de marbre sont souvent reproduits dans les trompe-l'œil pour figurer des appuis de fenêtre, des corniches, des seuils de porte ou des revêtements de petites cheminées. Le pépérin et la pierre de Florence peuvent présenter des nuances de couleur légèrement différentes mais, dans l'ensemble, ils sont très homogènes ; ils se distinguent juste par leur degré de luminosité, et une homogénéité légèrement supérieure pour le pépérin. Leur coloration devra donc aussi être très uniforme. La technique d'exécution est la même dans les deux cas. Quand on travaille sur bois, le fond idéal est une sous-couche protectrice à l'eau.

1 - Diluer légèrement la couleur A ou B (utiliser la teinte A pour la *pietra serena*, la B pour le pépérin), mouiller le support, puis chiqueter la peinture à l'éponge. Il est indispensable d'obtenir des chiquetés homogènes, où la couleur fraîche et celle du fond se mêlent uniformément. L'opération est identique pour les deux marbres ; seule la couleur change.

2 - Procéder de même avec la couleur C ou D, suivant qu'on imite la *pietra serena* ou le pépérin.

3 - Avec la couleur C ou D foncée par une pointe de noir, effectuer des projections sur la surface sèche.

4 - Une fois que les éclaboussures sombres auront séché, projeter du blanc. Deux ou trois couches de vernis mat à l'eau suffiront ensuite pour protéger le travail.

1

2 *pietra serena*

2 pépérin

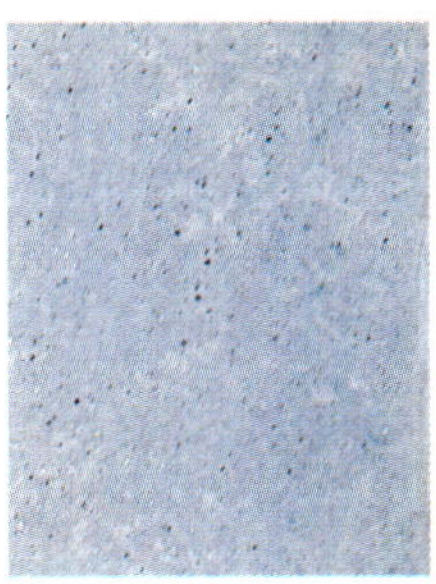

3 *pietra serena*

3 pépérin

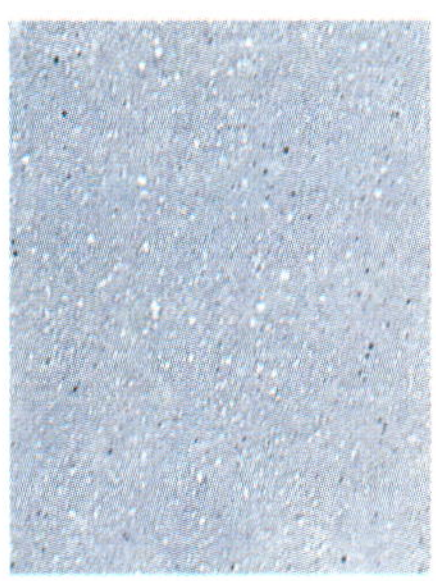

4 *pietra serena*

4 pépérin

CE QU'IL FAUT

Couleurs :
1 - blanc, 2 - noir, 3 - ocre
Couleur A - blanc, noir, ocre pour réchauffer
Couleur B - couleur A additionnée de noir
Couleur C - couleur A plus noir
Couleur D - couleur B plus noir

Matériel :
éponge, brosse à dent ou petite brosse ronde

PORPHYRE ROUGE

1

2

3

Sur la photo 2, les zones de jonction entre les deux couleurs ont été mises en évidence. Ci-dessous : bas-relief en plâtre décoré en faux porphyre.

Cette roche éruptive était utilisée comme pierre décorative dans l'ancienne Égypte. Elle fut aussi employée par les Romains pour des statues et des sarcophages.
Facile à exécuter, l'imitation porphyre se prête à toutes sortes de décorations. Pour la préparation du fond, deux couches d'impression à l'eau suffisent.

1 - Après avoir mouillé le fond, étaler sur des zones distinctes, avec deux brosses différentes, les couleurs A et B légèrement diluées ; l'ampleur des zones dépendra de l'étendue de la surface à décorer.

2 - Avant que la peinture sèche, la tamponner avec une éponge humide pour obtenir un effet de peau d'orange sur les deux couleurs, qui doivent néanmoins rester bien couvrantes (on ne doit pas entrevoir le blanc du fond, ou alors très peu).
Effectuer d'abord ces dépouillés sur les zones de jonction entre les deux peintures (indiquées en pointillés sur la photo) afin de fondre les couleurs l'une dans l'autre, en tournant l'éponge chaque fois qu'on passe de l'une à l'autre pour ne pas les salir mutuellement et en tapotant très légèrement.

3 - Après séchage complet, effectuer de généreuses projections de peinture noire puis, quand le noir aussi sera sec, de blanc légèrement sali d'ocre rouge. Ces projections devront être de tailles variées.
Recouvrir le décor par trois ou quatre couches de vernis mat à l'eau, ou par deux couches de vernis opaque à l'huile. Terminer par une couche de cire pour obtenir un brillant à l'éclat naturel.

CE QU'IL FAUT

Couleurs :
1 - ocre rouge,
2 - blanc, 3 - noir
Couleur A - ocre rouge plus un peu de noir
Couleur B - couleur A plus un peu de noir

Matériel :
éponge, deux brosses en soies n° 50, brosse ronde n° 8

1 2 3 A B

Plateau de table orné de motifs géométriques en fausses incrustations de marbre sur un fond traité en travertin romain.

TRAVERTIN

Il s'agit d'une roche calcaire très poreuse. De nombreuses ruines romaines sont en travertin et, au fil des siècles, ce matériau a continué d'être très largement employé en architecture pour des appuis de fenêtre, des corniches, des escaliers, etc. Dans la nature, il peut présenter différentes nuances, qui vont de sa classique couleur crème au noisette ou à l'ocre rouge, mais sa structure ne varie guère. La technique d'exécution reste donc identique, même si les teintes changent. Ce type de faux marbre, très utilisé en trompe-l'œil, fait beaucoup d'effet. Le fond idéal est une sous-couche opaque à l'eau.

1 - Diluer la couleur A et la chiqueter à l'éponge de manière homogène, sur le fond préalablement mouillé.

CE QU'IL FAUT

Couleurs :
1 - blanc, 2 - noir,
3 - terre d'ombre
Couleur A - blanc, ocre pour réchauffer, un peu de terre d'ombre
Couleur B - blanc plus une pointe de couleur A
Couleur C - terre d'ombre plus noir

Matériel :
éponge, queue de morue en soies n° 50, pinceau à retoucher en martre synthétique n° 6, petite brosse ronde n° 8

1

2

3

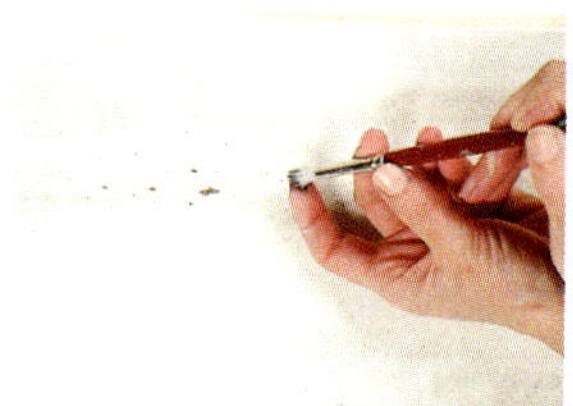

4

5

2 - Attendre que la peinture soit complètement sèche, puis chiqueter par endroits à l'éponge la couleur B, après avoir pris soin de réhumidifier la surface pour mieux fondre la nouvelle intervention dans la précédente.
Mettre un peu de la couleur C de côté et allonger le reste à l'eau jusqu'à ce que, quand on le passe sur un chiffon, il ne subsiste qu'un voile gris-brun.
On pourra éventuellement l'éclaircir par un ajout ultérieur d'eau, jamais de blanc, autrement on perdrait sa transparence.
L'effet à recréer avec ce glacis de couleur C est celui des grandes veines de couleur plus foncée qui traversent çà et là une plaque de travertin en formant des bandes parallèles.

Après s'être assuré que la deuxième série de chiquetés est bien sèche, mouiller la surface à peindre le long d'une ligne imaginaire correspondant à la bande la plus foncée qu'on veut obtenir. Charger de peinture une brosse en soies de taille appropriée (n° 50 environ), essuyer l'excédent sur un essuie-tout, puis, d'une main légère et un peu tremblante, appliquer le glacis d'un mouvement continu sur toute la longueur de la plaque, pour ne pas créer de ruptures artificielles dans la coloration.
Avant séchage, essuyer à l'aide d'une éponge propre et humide les éventuelles accumulations de peinture, et amincir la bande par endroits pour la rendre moins uniforme.

3 - Diluer légèrement le reste de couleur C qu'on avait mis de côté pour tracer, à l'aide d'un pinceau à retoucher en martre synthétique, les plus gros trous du travertin : former de petites taches aux contours très irréguliers, un peu plus foncées au centre pour accentuer l'impression de profondeur des cavités du travertin.

4 - Effectuer de petites projections irrégulières et allongées sur l'ensemble de la bande plus foncée, puis en tamponner légèrement quelques-unes à l'éponge pour les éclaircir.

5 - Deux ou trois couches de vernis mat à l'eau assureront ensuite une bonne finition de l'ensemble.

LUMACHELLE

Plateau de table orné de fausses incrustations de marbre sur un fond traité en lumachelle.

Cette jolie roche sédimentaire organique a été, par le passé, assez peu employée. Indépendamment de sa couleur particulière, elle se caractérise par des inclusions de fossiles de divers types : c'est pourquoi, dans les décors peints qui s'en inspirent, on a davantage tendance à en restituer l'aspect général qu'à la reproduire fidèlement. S'agissant d'un marbre ancien, elle est tout indiquée pour la décoration d'objets de style classique tels que sphères, obélisques et plateaux de table, avec ou sans incrustations.
Pour l'exécution de ce décor, un fond d'impression à l'huile parfaitement poncé est conseillé mais, sur de petits objets, on peut se contenter d'une sous-couche opaque à l'eau, appliquée de manière à rendre la surface bien lisse.

1 - Étaler une couche régulière de la couleur A préalablement diluée sur le fond humidifié à l'éponge ; employer une brosse en oreille de bœuf pour pouvoir appliquer la peinture de manière parfaitement uniforme, sans risquer de laisser de marques de poils.

2 - Quand la couleur A sera parfaitement sèche, chiqueter par endroits à l'éponge la couleur B assez diluée. Utiliser un côté propre de l'éponge pour estomper la couleur sur les bords et bien l'amalgamer au fond.

3 - Allonger encore plus la couleur B à l'eau et, après séchage complet de l'intervention précédente, s'en servir pour renforcer la coloration des zones sombres à l'aide d'un pinceau à retoucher en martre synthétique n° 4, en insistant sur les contours.
Avec le même pinceau à retoucher, exécuter à la terre d'ombre bien diluée des veines fines et tremblées de longueurs variées.
Terminer en appliquant par endroits un glacis, afin d'intensifier la coloration de l'ensemble. Pour ce faire, employer l'éponge et de la terre d'ombre très diluée.
Cinq ou six couches de vernis à l'eau contribueront ensuite à conférer davantage de profondeur au décor. Deux couches de cire lui donneront enfin le brillant du marbre.

1

2

3

Boule de bois massif peinte en imitation lumachelle.

CE QU'IL FAUT

Couleurs :
1 - ocre rouge, 2 - terre d'ombre, 3 - blanc
Couleur A - blanc, une pointe de terre d'ombre et d'ocre jaune pour réchauffer
Couleur B - ocre rouge, terre d'ombre

Matériel :
éponge, brosse en oreille de bœuf n° 50, pinceau à retoucher en martre synthétique n° 4

1 2 3 A B

LAPIS-LAZULI

Le lapis-lazuli est un minéral qu'on trouve dans des agrégats du groupe de la sodalite. Sa belle couleur bleu outremer agrémentée de veines de nuances diverses l'a fait utiliser en joaillerie et pour la fabrication d'objets d'art. L'imitation lapis-lazuli, facile à réaliser et d'un très bel effet, est idéale pour valoriser de vieux objets tels qu'une lampe, ou pour donner du cachet à un anonyme vase en terre cuite comme à un simple cadre en bois. Pour ce décor qui est, répétons-le, d'une exécution extrêmement simple, il convient de bien préparer le fond.

Quelques exemples d'objets décorés en imitation lapis-lazuli.

1

2

3

CE QU'IL FAUT

Couleurs :
1 - bleu outremer,
2 - blanc, 3 - noir
Couleur A - bleu outremer
Couleur B - gris clair (blanc + noir)
Couleur C - couleur B plus noir

Matériel :
queue de morue n° 50, brosse ronde n° 8, pinceaux en martre synthétique n° 4 et n° 6, éponge naturelle, liant acrylique, poudre métallique couleur d'or pâle

1 - Après avoir mouillé à l'éponge la surface à peindre, étaler rapidement à la brosse la couleur A, légèrement diluée mais encore couvrante.

2 - Effectuer des dépouillés uniformes avec l'éponge humide, pour obtenir un effet de peau d'orange.

3 - Avant que la peinture sèche, réaliser par endroits des dépouillés plus énergiques, en tenant l'éponge bien serrée entre les doigts pour en faire un petit tampon, de manière à créer des zones claires dont l'allure irrégulière et allongée devra évoquer les veines du marbre.

4 - Après séchage complet, prendre le pinceau en martre n° 6 pour appliquer la couleur B (assez diluée) au centre des zones plus claires créées à l'étape 3.

5 - Profiter de ce que la couleur B est encore humide pour la fondre dans celle du dessous, en tapotant les bords de la veine avec l'éponge humide (qu'on fera tourner au fur et à mesure afin de toujours utiliser une partie propre).

4

5

6

couleur C, la couleur A et du blanc très dilués, puis avec de la poudre d'or mélangée à un liant acrylique.
Pour ce type de décor, la finition revêt une importance capitale. Après avoir corrigé les éventuelles erreurs, passer six ou sept couches de vernis brillant à l'eau, ou bien deux couches de gel brillant. Appliquer enfin une couche de cire pour atténuer l'éclat du vernis.

7

8

Peint en faux lapis-lazuli, ce banal pied de lampe en bois est devenu digne de s'insérer dans un ameublement classique.

6 - Pour conférer davantage de profondeur à l'ensemble du décor, chiqueter à l'éponge, en quelques endroits seulement, la couleur C très diluée, en veillant à ne pas repasser sur les veines précédemment créées.

7 - Quand la couleur B aura complètement séché, mouiller avec la pointe d'un pinceau en martre n° 4 la partie centrale des veines grises, puis appliquer dessus un peu de blanc assez dilué. Accompagner la couleur, qui glisse naturellement sur la surface humide, avec la pointe du pinceau. Rendre le veinage aussi irrégulier que possible.

8 - A l'aide de la petite brosse ronde, effectuer des projections avec la

ALBÂTRE

Caractérisé par ses multiples veines de diverses nuances de jaune, de brun et de rouge, l'albâtre a servi dès l'Antiquité à réaliser toutes sortes d'objets de luxe ainsi que de précieux revêtements muraux. Sa technique d'exécution très particulière se prête idéalement aux fausses incrustations de marbre. La proportion des différentes couleurs des veines détermine la tonalité générale de la pierre : une variante de l'albâtre fleuri est ainsi l'albâtre doré, qui doit son nom à la prédominance d'un jaune tirant sur l'ocre. Mais si les couleurs peuvent varier, la procédure reste la même. Le fond doit être parfaitement lisse et recouvert d'impression à l'huile.

1 - Appliquer à la brosse la couleur A sur le fond préalablement mouillé, dans le sens prévu pour les veines ; pour laisser le moins de marques de

CE QU'IL FAUT

Couleurs :
1 - blanc, 2 - ocre,
3 - ocre rouge, 4 - noir,
5 - terre d'ombre

Albâtre fleuri
Couleur A - blanc, terre d'ombre, une petite pointe d'ocre pour réchauffer
Couleur B - couleur A plus terre d'ombre
Couleur C - ocre rouge plus noir
Couleur D - ocre rouge, noir, blanc
Couleur E - ocre
Couleur F - blanc
Albâtre doré
Couleur A pour le fond
Couleur B
Couleur D
Couleur E
Couleur F
Couleur G - couleur A plus ocre

Matériel :
éponge, brosses en oreille de bœuf et en soies, pinceau à retoucher n° 4 ou n° 6

Plateau en MDF orné de fausses incrustations de marbre avec un centre en imitation albâtre.

1

2

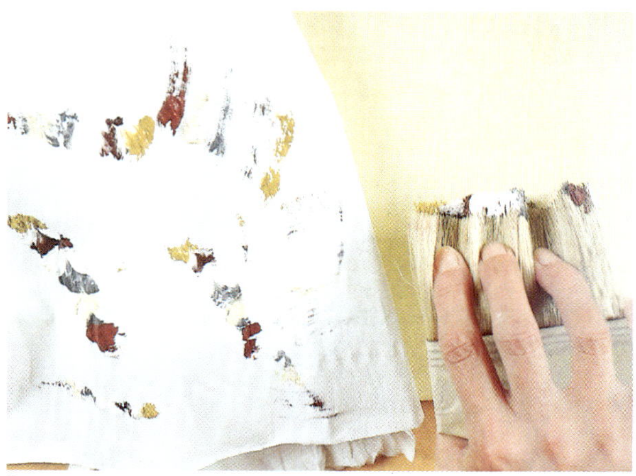

3

1 2 3 4 5

4 - albâtre doré

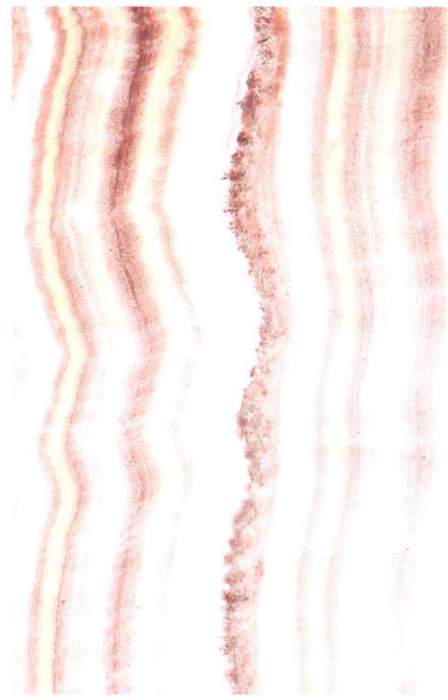

4 - albâtre fleuri

5 - albâtre doré

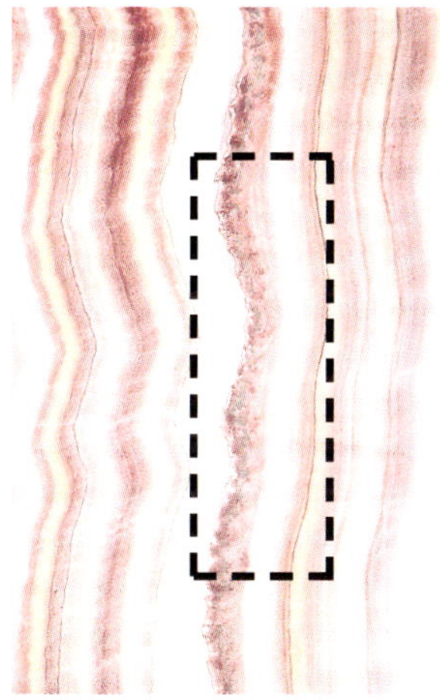

5 - albâtre fleuri

Quelques retouches délicates, comme des lignes contrastantes ou des gouttelettes figurant les petites irrégularités originales parferont l'illusion.

poils possible, employer une peinture assez diluée et une brosse douce en oreille de bœuf.
Selon l'effet désiré, la teinte du fond peut présenter diverses nuances, allant du crème au noisette clair ; la coloration des veines devra légèrement varier en conséquence. L'albâtre de nos deux exemples a été obtenu sur fond de couleur A.
En attendant que la surface soit bien sèche, préparer sur une assiette en carton, sans les diluer, les couleurs nécessaires pour réaliser les veines.

2 - Sur une brosse d'environ un demi-centimètre d'épaisseur et 10 cm de large, disposer, à l'aide d'un pinceau à retoucher, les différentes couleurs les unes à côté des autres. Avec quelques essais et un peu d'expérience, on arrive à répartir ces teintes de manière à obtenir exactement l'effet souhaité. Dans la nature, les possibilités sont infinies ; il est conseillé de juxtaposer des couleurs contrastées et d'en employer des quantités différentes, pour obtenir des bandes d'épaisseurs diverses.

3 - Après avoir disposé toutes les couleurs en rang sur la brosse sèche, tapoter celle-ci une ou deux fois verticalement, sur du papier journal ou sur un chiffon propre, pour bien faire pénétrer la peinture entre les soies. Ensuite, traîner délicatement la brosse sur une partie propre du papier ou du chiffon pour retirer tout ce qui dépasse : cette opération est très importante car une quantité de peinture excessive créerait des veines en relief.

4 - Mouiller la surface à l'éponge et, en tenant le pinceau comme indiqué sur la photo 3, le faire glisser d'un mouvement continu mais tremblé, de façon irrégulière et par petits à-coups, en augmentant progressivement la pression. Comme il est à peu près impossible de conserver la même intensité de couleur sur plus de 20 cm, il vaut mieux exécuter ce type de décor sur de petites surfaces.
Si l'on n'a pas obtenu l'effet voulu, essuyer aussitôt la peinture à l'éponge, nettoyer la brosse, la sécher puis la charger de nouveau en modifiant l'emplacement des couleurs.
Si la surface à décorer est plus large que le pinceau, il faudra répéter l'opération, à côté de la première bande obtenue, en retournant la brosse de manière que les couleurs soient en miroir par rapport aux précédentes, mais sans changer l'orientation des veines.

5 - Une fois que la peinture a complètement séché, on peut effectuer de petites retouches, comme tracer entre deux veines une ligne fine avec un pinceau à retoucher n° 4 ou n° 6 et une couleur contrastante assez diluée, en gardant toujours la même orientation. Dans l'albâtre fleuri, on trouve le long des veines de petites irrégularités qui sont faciles à reproduire : il suffit d'ajouter tout du long, à l'aide d'un petit pinceau, des gouttelettes de la même couleur que la veine. Bien diluer la peinture et toujours mouiller d'abord le fond, pour qu'elle glisse naturellement dessus.
L'application de nombreuses couches de vernis à l'eau donnera ensuite au décor l'épaisseur du marbre, sans pour autant altérer ses couleurs. Enfin, une ou deux couches de cire lui conféreront un bel éclat naturel.

VERT SAINT-DENIS

Il s'agit d'un marbre classique au veinage dense et marqué, employé aujourd'hui comme jadis pour des décors très spectaculaires. Son aspect éminemment décoratif permet de le reproduire aussi bien sur de petits objets que sur de grandes surfaces. Le fond idéal est un support en bois recouvert d'impression à l'huile.

1 - Bien diluer la couleur A avec de l'eau, puis la chiqueter irrégulièrement à l'éponge sur la surface à décorer qui aura été préalablement mouillée.

2 - Quand la peinture sera bien sèche, répéter l'opération avec la couleur B, elle aussi abondamment diluée. Pour ne pas créer un effet de peau d'orange trop marqué, faire un peu glisser l'éponge en accompagnant la peinture. Laisser quelques zones de côté : la terre d'ombre que l'on a appliquée à l'étape précédente ne doit pas être entièrement recouverte.

3 - Après avoir de nouveau mouillé le fond, appliquer rapidement la couleur C (assez diluée pour ne pas former une couche trop épaisse) à l'aide d'une brosse en oreille de bœuf, en croisant les passes.
Mouiller ensuite deux petites brosses plates en soies de tailles nettement différentes, n° 6 et n° 10 par exemple,

1 2

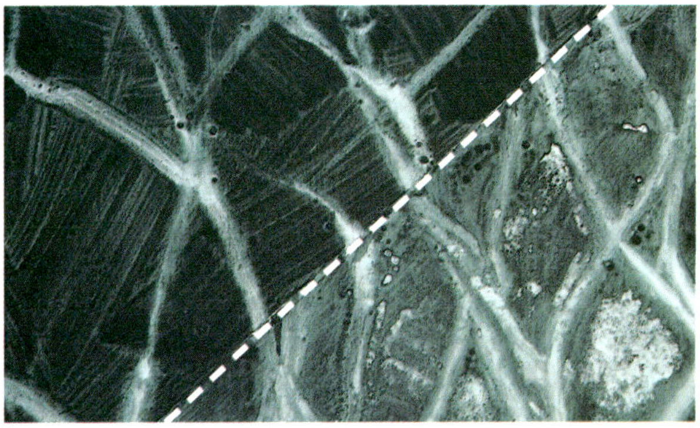

3 4

5

CE QU'IL FAUT

Couleurs :
1 - blanc, 2 - noir, 3 - terre d'ombre, 4 - vert
Couleur A - terre d'ombre
Couleur B - vert (+ ocre si nécessaire)
Couleur C - vert plus noir
Couleur D - un peu de noir, terre d'ombre

Matériel :
éponge, brosse en oreille de bœuf, petites brosses plates en soies n° 6 et n° 10, pinceau à retoucher n° 4

et s'en servir pour éliminer une partie de la peinture encore humide, en créant des veines de dimensions variables qui se croisent sans régularité.
Il faut s'efforcer ainsi d'obtenir un réseau de mailles très inégales, dont le fil serait les veines et les trous les zones de couleur C.

4 - Avec de petits coups d'éponge, rendre la couleur un petit peu moins homogène dans les zones délimitées par des entrecroisements de veines.

5 - Attendre que la surface soit sèche pour appliquer par endroits la couleur D, en évitant la majeure partie des veines, afin de renforcer l'hétérogénéité des textures et des nuances au sein du veinage et de la couleur du fond.
A l'aide d'un pinceau à retoucher très fin, un n° 4 par exemple, tracer ensuite sur la surface humidifiée, avec du blanc à peine dilué, un réseau serré de veines longues et tremblées.
Comme pour tous les faux marbres, les plus précieux surtout, il faut finir par plusieurs couches de vernis à l'eau suivies d'une à deux couches de cire, afin de donner un bel éclat naturel.

A gauche : obélisque en bois peint en faux marbre saint-Denis.

VERT AVER

1a

1b

2

3

4

5

6

7

Moins prisé que le saint-Denis, ce marbre vert est d'un usage très courant. Comme son imitation réclame peu de passages de couleur, il est souvent utilisé en trompe-l'œil.
Notons à ce propos que, chaque fois qu'on reproduit un marbre sur une grande surface, il convient d'insister sur la différenciation des nuances de couleur, et que l'exécution des veines fines, si précieuses pour enrichir l'ornementation de petits objets ou d'incrustations en les rendant réellement semblables au vrai marbre, doit alors laisser la place à la création de grandes veines, plus visibles et donc plus importantes pour l'effet d'ensemble. Ce point est crucial pour la décoration des grands plateaux de table.
Le fond doit obligatoirement être recouvert d'impression à l'huile.

1 - Diluer les couleurs A et B, mouiller la surface à décorer et commencer à peindre à l'éponge en créant des zones de couleur distinctes. L'éponge ne doit pas être tamponnée verticalement mais traînée, avec un petit mouvement tournant et saccadé (les virgules ainsi formées seront d'autant plus petites que le mouvement sera rapide et d'autant plus longues qu'il sera lent). L'effet à rechercher est celui de la photo 1a, et non celui de la 1b.

2 - Pour éviter que les teintes se mélangent, charger une couleur de chaque côté de l'éponge et tamponner en alternant. Si cette manœuvre paraît trop compliquée, utiliser deux éponges différentes.

3 - Après séchage, réhumidifier le fond avec l'éponge. Diluer la couleur C pour qu'elle glisse bien, puis l'appliquer à l'éponge de façon irrégulière sur toute la surface, suivant la technique déjà décrite à l'étape 1 et dans le même sens que précédemment. La peinture ne doit pas être trop couvrante pour permettre d'entrevoir celle du dessous.

4 - Diluer le noir dans beaucoup d'eau, avec une pointe de vert, et s'en servir pour dessiner de petites veines droites et des nuages très étirés, en mouillant bien la surface avant de passer le pinceau.

5 et 6 - Quand les veines seront sèches, répéter la même opération avec du blanc, en s'aidant de l'éponge pour estomper les tracés.

7 - Si la surface à décorer est très vaste, il faut, avant de créer les veines précédemment décrites, en réaliser quelques unes qui soient plus grandes, moins denses et qui traversent tout le décor, avec la couleur C éclaircie par du blanc et pas trop diluée.
Pour conférer davantage de profondeur aux différentes couches de peinture, de nombreuses applications de vernis à l'eau sont conseillées : au moins cinq. La cire permettra ensuite d'obtenir un brillant naturel.

CE QU'IL FAUT

Couleurs :
1 - blanc, 2 - noir,
3 - vert
Couleur A - blanc, un peu de noir
Couleur B - couleur A plus blanc
Couleur C - vert, noir, une pointe de blanc

Matériel :
éponge, pinceaux à retoucher en martre synthétique n° 4 et n° 8

La juxtaposition de vert aver et de bleu lapis-lazuli a permis de donner du relief à cette rose des vents, qui orne une table en fausses incrustations de marbre.

SERPENTINE MOUCHETÉE

1

2

L'usage de cette pierre remonte à l'antique Égypte. Elle est dite « serpentine » à cause de sa couleur changeante, et mouchetée parce qu'elle comporte une multitude de petites inclusions de couleur noire. Il s'agit d'une roche très décorative, dont l'imitation peut aussi bien servir d'unique décor sur un objet que d'élément d'un motif en incrustations. Sans être très longue, son exécution est indéniablement délicate, mais l'effet final récompense largement les efforts. Le fond doit obligatoirement être recouvert d'impression à l'huile.

3

3a

4

5

5a

1 - Diluer la couleur A et l'appliquer à coups de brosse irréguliers sur la surface préalablement humidifiée. Après séchage complet, mouiller de nouveau le fond à l'éponge pour permettre à la peinture suivante de glisser, et garantir ainsi un rendu plus naturel.

2 - Passer la couleur B avec une brosse plus petite, en formant des lacets irréguliers entre lesquels on verra la couleur A. Avant que la peinture sèche, retravailler ces lacets à l'éponge et au pinceau à retoucher pour estomper leurs contours : tapoter délicatement les bords des lacets avec l'éponge, et essuyer la peinture avec le pinceau très mouillé.

3 - Attendre que la surface soit de nouveau sèche puis, après l'avoir réhumidifiée à l'éponge, appliquer du blanc avec le pinceau à retoucher, de manière à former de petits nuages de tailles différentes qu'il faudra délicatement estomper à l'éponge avant qu'ils sèchent (3a).

4 - Quand l'ensemble sera bien sec, terminer le décor en recouvrant toute la surface de microprojections régulières de noir.

5 - Quelques couches de vernis à l'eau et deux de cire (5a) permettront enfin d'obtenir le brillant naturel du marbre.

CE QU'IL FAUT

Couleurs :
1 - bleu, 2 - vert,
3 - noir, 4 - blanc,
5 - ocre
Couleur A - bleu
plus très peu de noir
Couleur B - vert
plus un peu de noir
et de blanc

Matériel :
brosses en oreille
de bœuf n° 50 et n° 30,
éponge, petite brosse
ronde, pinceau à
retoucher en martre
synthétique n° 6

Boule de bois peinte en imitation serpentine mouchetée.

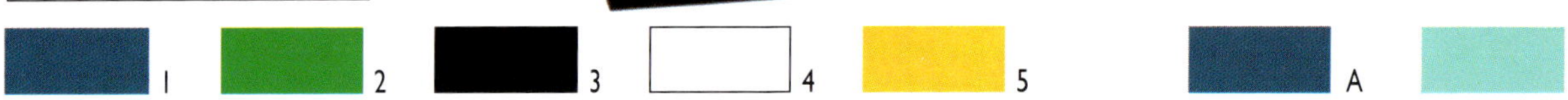

1 2 3 4 5 A B

JAUNE DE SIENNE

Ce marbre italien au grain serré, présentant plusieurs nuances de jaune, est traversé par de très caractéristiques veines grises, blanches et ocre qui le rendent extrêmement décoratif. Facile et rapide à imiter, il constitue, avec ses teintes chaudes et délicates, un revêtement tout indiqué pour de grandes surfaces.
Comme, par ailleurs, il s'associe bien avec les couleurs de la plupart des autres marbres, il convient aussi parfaitement pour réaliser le fond de décors en incrustations. Dans la mesure où il n'exige que peu de couches de peinture, il est traditionnellement conseillé d'employer une impression à l'huile pour préparer le fond.

Les pieds de lampe, coupes et autres petits objets décorés en jaune de Sienne s'adaptent bien à tous les cadres de vie. Les multiples emplois de ce marbre rendent son imitation idéale pour orner des plâtres et des terres cuites.

1 - Mouiller la surface à l'éponge pour que la peinture puisse bien glisser.

2 - A l'aide de deux brosses en soies n° 50, étaler de manière homogène la couleur A et la couleur B très diluées, en créant des zones distinctes de chaque teinte et en s'efforçant de ne pas laisser de marques de poils.

3 - Avant que la peinture sèche, passer très délicatement l'éponge partout où c'est nécessaire pour corriger d'éventuelles traces de pinceau, notamment à la lisière entre les deux couleurs.

4 - Après séchage, appliquer la couleur C à l'éponge, sans trop la diluer, pour créer une zone de couleur grise bien distincte, qui soit semblable à une grosse veine.
Comme toujours, humidifier d'abord le fond et, avec une partie propre de l'éponge, estomper vers l'extérieur.

CE QU'IL FAUT

Couleurs :
1 - blanc, 2 - ocre,
3 - noir
Couleur A - ocre plus blanc
Couleur B - ocre plus davantage de blanc
Couleur C - blanc, noir, ocre pour réchauffer

Matériel :
éponge, deux brosses en soies n° 50, brosse ronde n° 8, pinceau à retoucher en martre synthétique n° 8, brosse plate n° 4

1

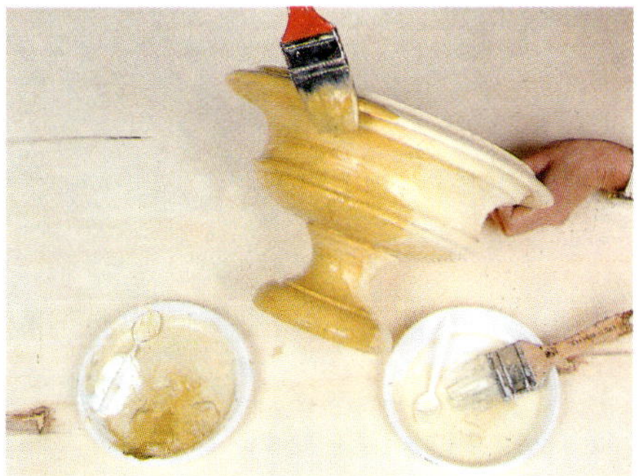

2

3

4

5 - Suivant l'ampleur de la surface à décorer et l'effet que l'on souhaite obtenir, on pourra à son gré créer d'autres zones grises et d'autres groupes de veines.

6 - Ajouter une pointe de noir à la couleur C et, à l'aide d'un pinceau à retoucher, tracer des veines au centre de la zone grise. Attendre que la peinture précédente ait complètement séché, pour pouvoir mouiller sans l'abîmer l'endroit où l'on dessinera les veines.

7 - Estomper les veines encore fraîches à l'aide d'une petite brosse plate mouillée, d'un mouvement tremblotant, irrégulier et saccadé. Quand les veines grises seront bien sèches, on pourra en peindre d'autres avec de l'ocre très dilué, en les superposant par endroits à la première série, dont elles intensifieront ainsi la coloration de manière assez notable.

8 - Avec du blanc pur, peindre des veines droites qui traversent la surface à décorer en se croisant entre elles ; on ne dira jamais assez que la peinture précédente doit avoir complètement séché avant chaque nouvelle intervention.

9 - Diluer la couleur 2 et la chiqueter par endroits à l'éponge sur les veines grises, pour les voiler légèrement. S'il existe plusieurs séries de veines, on peut en voiler certaines en totalité, ce qui donnera au marbre plusieurs niveaux de profondeur.

5

6

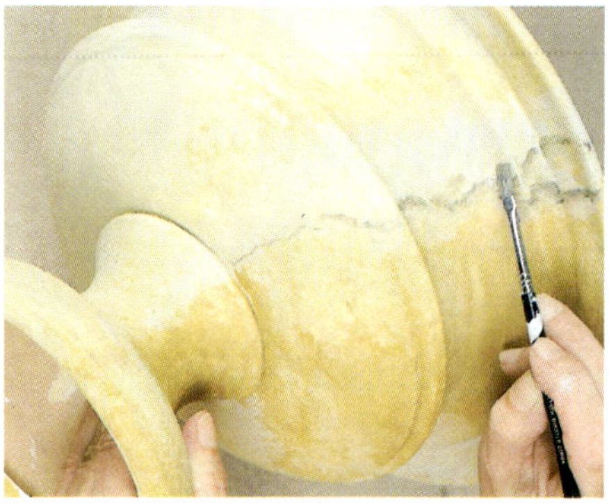
7

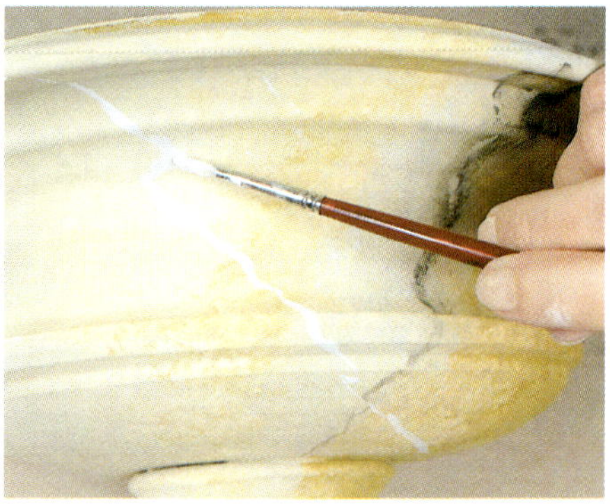
8

9

10

Obélisque en bois décoré en faux marbre jaune de Sienne.

Choisi comme fond pour ce grand panneau en fausses incrustations de marbre, le jaune de Sienne est aussi du plus bel effet sur des bibelots comme cet œuf en bois.

10 - Avec le gris le plus foncé, effectuer quelques projections irrégulières sur les veines les plus sombres, sans abus et surtout en prenant soin de ne pas salir les zones les plus claires. Trois couches de vernis brillant et deux de cire conféreront au décor la profondeur voulue, mais six ou sept couches de vernis à l'eau permettent d'obtenir le même résultat.

Ci-dessous : incrustations de noir marquina sur un fond en jaune de Sienne.

NOIR MARQUINA

D'un noir très intense traversé de grandes veines d'un blanc laiteux et de veines grises plus petites, le marquina est un marbre très décoratif. Sa technique d'exécution est analogue à celle du jaune de Sienne et, comme il se combine bien avec la plupart des autres marbres il est très employé dans les fausses incrustations. Le fond peut être traité avec une impression à l'huile ou bien à l'eau. On applique uniformément la couleur A diluée sur le support mouillé, puis on la tamponne délicatement à l'éponge de manière à laisser entrevoir par endroits le blanc du fond. Après séchage, on trace les veines avec un peu de blanc dilué, en utilisant le pinceau le plus fin pour les plus tremblées et irrégulières, et un blanc plus épais pour les veines droites et les petits nuages. Ce marbre possède un éclat très vif : on terminera donc par six ou sept couches de vernis à l'eau brillant.

CE QU'IL FAUT

Couleurs :
1 - blanc, 2 - noir,
3 - ocre
Couleur A - noir plus ocre pour réchauffer

1 2 3 A

BRÈCHE VERTE ANTIQUE

1

2

Ce marbre ancien d'origine grecque fut employé par les Romains pour réaliser des éléments décoratifs et même des colonnes, du fait de sa grande compacité. Son imitation prend beaucoup de temps mais, pour la préparation du fond, une sous-couche à l'eau suffit. Le résultat final est assez spectaculaire ; il est toutefois déconseillé d'employer ce décor sur des surfaces trop importantes, à cause de la complexité de son exécution.

1 - Sur le fond préalablement mouillé, appliquer la couleur A diluée à coups de brosse irréguliers, sans craindre de laisser des traces. Avant que la peinture sèche, effectuer quelques dépouillés à l'éponge.

CE QU'IL FAUT

Couleurs :
1 - blanc, 2 - noir,
3 - vert, 4 - ocre
Couleur A - noir, ocre pour réchauffer
Couleur B - vert, un peu de noir, blanc

Matériel :
papier journal, ciseaux, éponge, queue de morue n° 50, pinceau à retoucher en martre synthétique n° 2 ou n° 6, brosse ronde en soies n° 8

3

4

5

6

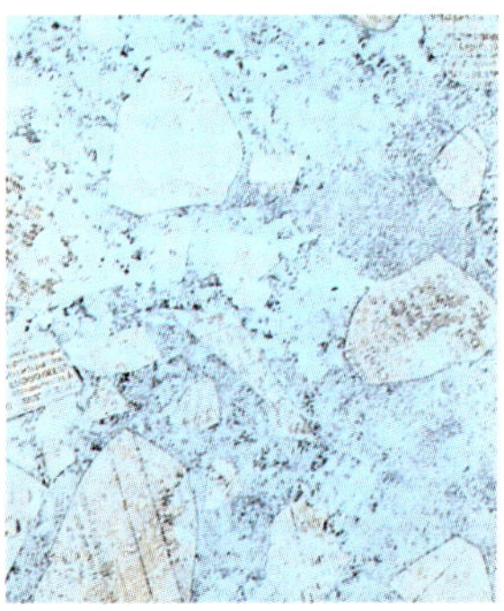
7

8

2 - Diluer un peu de blanc, puis diluer du vert dans beaucoup d'eau. Quand la surface aura séché, la réhumidifier et créer à la brosse des zones verdâtres et des stries blanches. Peindre aussi une tache blanche entourée d'un épais halo vert.
Pour ce type de décor, la couche de base doit présenter un aspect aussi aléatoire que possible ; l'essentiel est que les couleurs soient toujours bien diluées et ne forment pas d'épaisseurs. Il faut obtenir des effets de superposition et d'entrecroisement, qui donneront naissance à des nuances variées.

3 - A l'aide de ciseaux, découper de petits morceaux de papier journal en forme de cailloux de différentes tailles, en évitant de leur donner une forme trop arrondie ou trop accidentée. La plupart devront être gros comme une pièce de 2 francs.

4 - Ces cailloux une fois découpés, les tremper dans l'eau, puis les poser sur un essuie-tout qui absorbera l'excédent de liquide avant de les disposer sur la surface à décorer. Quand on les enlèvera, la peinture du dessous apparaîtra : il faut donc éviter d'en placer à cheval sur des zones de couleurs très contrastées. Il est en ef-

1 2 3 4 A B

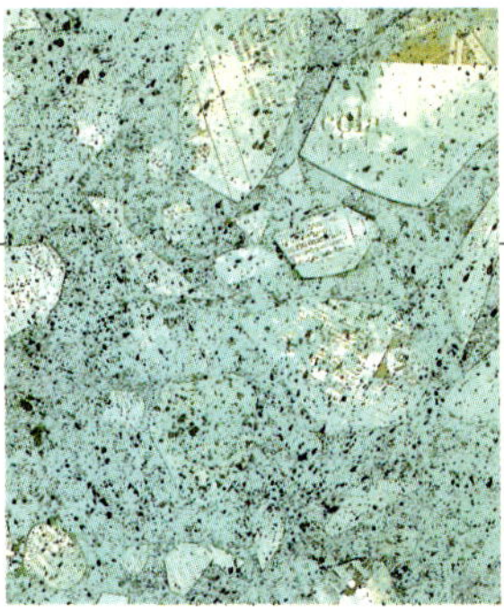

9

fet rare qu'on trouve dans la nature des gravillons en partie blancs, en partie noirs et en partie verdâtres.

5 - Placer sur la tache blanche un morceau de papier journal de telle sorte qu'il ne masque que du blanc entouré de vert, sans noir. Répartir les autres bouts de papier au hasard.

6 - Préparer la couleur B et, sans la diluer (l'eau qui imprègne le papier suffira à la faire glisser), la chiqueter à l'éponge sur toute la surface, en prenant bien soin de tapoter avec délicatesse pour éviter que les bouts de papier ne se déplacent.

7 - Ne pas employer trop de peinture pour qu'on puisse entrevoir le noir sous-jacent, mais bien insister sur les bords des cailloux pour en préciser les contours.

8 - Quand la peinture sera complètement sèche, projeter du noir sur toute la surface, de façon irrégulière.

9 - Le résultat sera celui qu'on voit sur la photo. Retirer alors les morceaux de papier un par un, en essuyant au fur et à mesure avec un tampon d'ouate les éventuelles infiltrations de couleur.

10

11

12

13

14

10 - Dans une petite assiette, préparer un peu de noir, de vert et de blanc. Partout où c'est nécessaire, repasser le contour des cailloux avec du noir, pur ou mêlé de vert.

11 - Avec les mêmes couleurs, peindre des gravillons irréguliers.

12 - Utiliser le pinceau à retoucher (sans oublier de le tremper régulièrement dans l'eau) pour dessiner des veines blanches à l'intérieur de certains cailloux.

13 - Mouiller quelques zones à l'éponge, et réaliser de petits glacis et de fins veinages avec du blanc.

14 - Plus l'objet est petit et pourra être observé de près, plus les retouches sur le fond et les cailloux devront être soignées. Sur une surface assez étendue ou qui comporte aussi des motifs en incrustations, l'effet décoratif de la structure même du marbre sera déjà suffisant, et l'on pourra limiter les retouches à l'essentiel.
Cinq ou six couches de vernis à l'eau conféreront au décor la profondeur voulue tout en évitant que les couleurs ne jaunissent. Terminer par deux couches de cire pour obtenir un brillant naturel.

Pied de lampe en bois peint en brèche verte antique.

MALACHITE

Cette pierre ornementale, d'une assez grande valeur, est d'un superbe effet. On l'emploie pour réaliser des bijoux ou de petites boîtes précieuses et, travaillée de manière particulière, elle a jadis servi à recouvrir des colonnes et de beaux meubles. Comme on la trouvait en abondance dans l'Oural, elle a été largement utilisée en Russie dans les églises orthodoxes et les résidences des tsars.
Compte tenu des particularités de son exécution, son imitation convient surtout pour la décoration de petites surfaces, petits objets ou éléments de marqueterie et d'incrustations. Elle peut également orner des vases ou enrichir des parties d'un trompe-l'œil.
Pour un tel décor, il est essentiel de préparer le fond avec au moins trois couches d'impression à l'huile et d'effectuer un ponçage parfait.

CE QU'IL FAUT

Couleurs :
1 - vert, 2 - bleu,
3 - blanc, 4 - noir
Couleur A - vert
(+ bleu si l'on n'emploie pas de vert émeraude), blanc
Couleur B - vert (bleu), une pointe de noir

Matériel :
éponge, brosses en soies et en oreille de bœuf n° 50, carton, vernis à l'eau brillant

1

2

3

4

1 - Diluer la couleur A et l'étaler uniformément à la brosse sur le fond préalablement mouillé, en évitant de laisser des traces de poils. Attendre que la peinture sèche et, si nécessaire, passer une seconde couche en essayant d'obtenir une surface bien lisse. Après séchage complet, appliquer une couche de vernis brillant dilué à l'eau (1 : 2).

2 - Préparer des morceaux de carton de plusieurs tailles. L'idéal est un carton très dur légèrement plastifié, comme celui des emballages de cosmétiques ou encore de bas ou de collants pour femmes. Il faut le casser de manière à obtenir des arêtes aussi droites que possible ; une partie non plastifiée du carton servira à racler la peinture.

3 - Dès que le vernis sera bien sec, humidifier la surface à l'éponge.

4 - Avec la brosse en soies, appliquer la couleur B sur de petites zones à la fois. La peinture ne doit pas être trop diluée, mais pas trop épaisse non plus : il vaut toujours mieux faire un essai dans un coin pour vérifier qu'elle se racle bien. Si elle ne laisse pas assez transparaître la teinte du dessous ou si elle crée des amas importants, on doit la diluer davantage. Si, au contraire, on n'arrive pas à former les stries typiques de la malachite, c'est qu'il y a trop d'eau.

5 - En tenant fermement un morceau de carton entre les doigts, appuyer le côté non plastifié sur la peinture encore fraîche et racler la peinture, en gardant toujours la même pression. Le

1 2 3 4 A B

5

6

7

mouvement doit être continu, mais la main doit décrire de petites oscillations, tantôt à droite, tantôt à gauche, pour ne pas créer de sillons trop réguliers. Il faut travailler rapidement et sans hésitation car ce décor est, avec les faux bois, le seul qui ne permette pas de corriger des erreurs.

6 - Avant que la peinture sèche, utiliser d'autres morceaux de carton plus petits pour reproduire les « roses » de malachite. C'est la main qui doit tourner, en serrant toujours fortement le carton.
Racler avec une pression constante, sans trembler, d'un geste à la fois saccadé et continu pour créer les irrégularités caractéristiques des roses et éviter de former des « ronds ». Cette opération doit être effectuée très vite, avant que la peinture commence à sécher, sans quoi on ne pourrait plus rien racler du tout.
Il vaut mieux s'exercer d'abord sur de petites surfaces ; car ce n'est qu'après avoir acquis une certaine habileté qu'on pourra s'attaquer à des superficies plus importantes. Des accumulations de peinture se produisent souvent au centre du décor : il faut donc toujours essayer de racler vers l'extérieur, jusqu'aux bords, où l'excédent pourra aisément être éliminé d'un coup d'éponge.

7 - Pour finir, passer huit couches de vernis à l'eau brillant ou bien deux ou trois couches de gel brillant, puis une seule couche de cire pour atténuer un peu l'éclat du vernis et créer un effet plus naturel.

Détail d'une table en faux marbre et pierres dures comme la malachite.

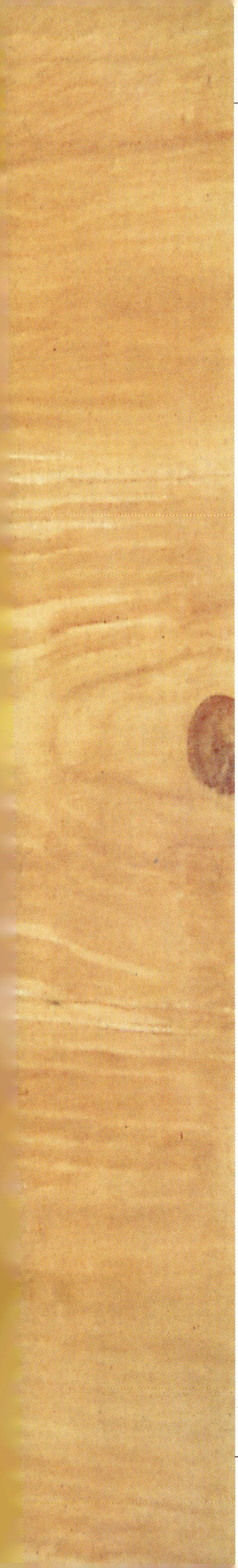

Le faux bois

De même que la technique du faux marbre s'était diffusée pour faire face à la rareté et au coût élevé des vrais marbres, les faux bois commencèrent à se répandre vers la première moitié du XVIIe siècle. L'expérience des peintres en décor s'était remarquablement affinée, et les difficultés d'approvisionnement en bois précieux, tels l'acajou et le palissandre, ainsi que l'accroissement du prix de ces essences, encouragèrent l'emploi de leurs imitations. Ces décorations, d'un style résolument anglo-saxon, se bornèrent d'abord au maquillage des bois les moins recherchés (ceux qui comportaient peu de veines) en bois plus nobles. Dans le nord de l'Europe, de nombreuses plinthes, corniches et portes furent ainsi peintes par les décorateurs de l'époque en faux palissandre ou en imitation acajou, en particulier dans les espaces privés ou réservés aux domestiques, qui ne remplissaient pas une fonction de représentation. Avec le temps, l'illusion se transforma en art raffiné et plutôt apprécié : le faux bois fit, comme le faux marbre, son apparition dans les pièces principales des maisons. Au début du XVIIIe siècle cependant, ce procédé passa de mode, supplanté par les papiers peints et les revêtements en soie, et les imitations bois furent de nouveau reléguées dans les parties les moins nobles des demeures.

Avant de s'attaquer à un décor en faux bois, on doit, comme pour le faux marbre, se documenter sur le bois qu'on souhaite reproduire : il importe de bien étudier l'allure de ses veines, mais aussi de repérer les nuances de couleur caractéristiques de chaque essence. Contrairement aux marbres, dont les veinages et les teintes peuvent considérablement varier, y compris au sein d'une même espèce, le bois impose des schémas d'exécution assez rigides. Ses veines correspondent aux couches concentriques de fibres qui composent le tronc et les branches des arbres, et leur aspect est rigoureusement déterminé par la section de la coupe ; elles suivent donc des tracés bien précis, qu'il s'agit de respecter.

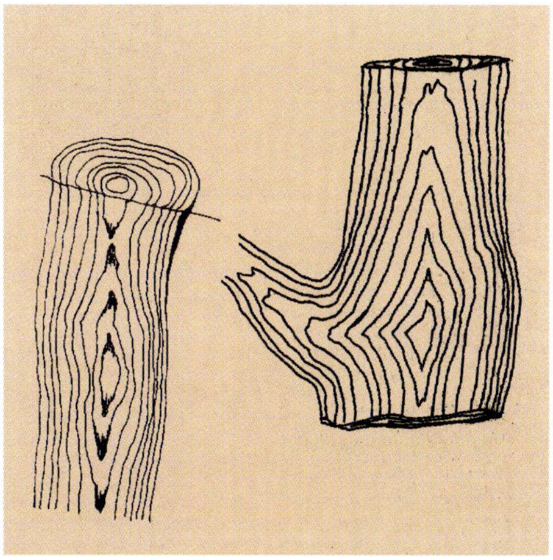

L'allure des veines et les nuances de couleur caractéristiques de chaque essence sont les éléments à étudier le plus en détail pour réaliser un décor crédible en faux bois.

Comme pour les faux marbres, mieux vaut commencer par imiter des bois courants, plus faciles à reproduire, mais des cadres en bois blanc ou de simples boîtes en contreplaqué peuvent prendre une tout autre allure pour peu qu'on les orne d'une fausse marqueterie de différentes essences de bois.
Pour exécuter ce genre de décor sur du bois ou du MDF, il est indispensable de recouvrir le support d'impression à l'huile. Sur les autres types de fonds en revanche (mur, toile, plâtre), on respectera les techniques de préparation spécifiques à chaque matériau. Par ailleurs, si l'on décide de peindre une marqueterie ou des lambris, il convien-

CE QU'IL FAUT

Seau, assiettes en carton, ruban de masquage, cutter, éponge, berceau à faux bois, peignes, peintures à l'eau et couleurs acryliques, brosses en soies de porc et en oreille de bœuf, pinceaux à retoucher en martre synthétique de plusieurs tailles, veinette, blaireau à estomper

Quelques outils indispensables pour imiter les bois :
1 - veinette en crin ;
2 - blaireau à estomper ;
3 - berceau à faux bois ;
4 - peignes de plusieurs formes et dimensions.

dra de suivre la procédure de masquage expliquée dans le chapitre sur l'ornementation.
Pour bien saisir les nuances du bois qu'on veut imiter, il est préférable de disposer d'un échantillon, quitte à en modifier légèrement la tonalité générale en fonction des besoins.
Avec les faux bois, la rapidité d'exécution est cruciale car on doit travailler sur une peinture encore humide, or les peintures à l'eau et les émulsions acryliques sèchent vite. Après séchage, seules des erreurs minimes pourront être corrigées.
Quel que soit le bois à reproduire, la technique comporte deux grandes étapes. La première application de peinture donne la teinte la plus claire du bois. Elle correspond au fond qu'on entrevoit entre les veines, et influence donc notablement le résultat final. Au sein d'une même variété de bois, elle peut revêtir des nuances légèrement différentes, plus claires (par ajout de jaune, jamais de blanc), plus jaunes (moins d'ocre) ou plus rosées (une pointe d'ocre rouge) ; il convient donc de choisir cette teinte avec soin, en faisant d'abord quelques essais. Si le résultat obtenu n'est pas parfait, mieux vaut essuyer aussitôt la peinture à l'éponge, puis modifier la couleur à son goût.
Pour éviter d'abîmer cette peinture de base, ce qui compromettrait l'ensemble du travail, on ne passe à la deuxième phase qu'après séchage complet de la première couche.
Les peintures employées lors de cette seconde étape doivent être très diluées, presque comme des glacis, et il ne faut pas oublier de mouiller la surface avant de les appliquer. A ce stade, aucune hésitation n'est permise. Le geste doit être continu et l'on ne pourra repasser le pinceau pour mieux tirer la peinture que si celle-ci est encore bien humide. Après séchage, on pourra encore corriger la tonalité du bois par un glacis, mais les veines ne pourront plus être modifiées.
Pour la finition de bibelots ou de petits objets, on peut se contenter de deux ou trois couches de vernis à l'eau suivies par deux couches de cire. Pour des surfaces sujettes à l'usure, il faudra préférer les vernis gras opaques, même s'ils ont tendance à jaunir, car cela n'interfère pas avec le décor. Les finitions sur des murs ou d'autres supports devront respecter les règles spécifiques à chaque type de matériau.

Une boîte en bois bon marché peut être radicalement transformée par un décor imitant une essence plus précieuse comme la bruyère. Les teintes des bois sont très variées : à droite, la tonalité sombre d'une loupe d'acajou et, ci-contre, celle, beaucoup plus blonde, d'une loupe d'érable.

NOYER

Le bois que fournissent les noyers est finement veiné, dur et compact. Facile à travailler, il se prête particulièrement bien au tournage.
Pour toutes ces raisons, le noyer a toujours servi à fabriquer des meubles, des placages et de beaux parquets.
On le voit aujourd'hui fréquemment reproduit dans des trompe-l'œil pour figurer des éléments aussi divers que des bibliothèques, des cadres de tableau, des encadrements de porte et de fenêtre, ou encore des planchers.

1 - Après avoir mouillé le fond, appliquer à la brosse la couleur A, assez diluée mais encore couvrante.
Les coups de pinceau doivent être uniformes et donnés tous dans le même sens, d'un geste continu.

CE QU'IL FAUT

Couleurs :
1 - jaune, 2 - ocre,
3 - noir, 4 - ocre rouge,
5 - terre d'ombre,
6 - terre de Sienne
Couleur A - jaune plus ocre
Couleur B - terre de Sienne, plus ocre rouge, plus terre d'ombre
Couleur C - terre d'ombre plus noir

Matériel :
éponge, brosses en soies de porc, veinette, blaireau

1

2

3

4

CONSEIL UTILE

Suivant les goûts et les besoins, on peut jouer sur la proportion des composantes de chacune des couleurs de nos exemples pour obtenir les nuances désirées, car la tonalité du bois est toujours susceptible de varier un peu au sein d'une même espèce.

2 - Attendre que la peinture soit bien sèche pour ne pas compromettre l'étape suivante, puis réhumidifier la surface à l'éponge.

3 - Bien diluer les couleurs B et C pour que la couleur du fond puisse transparaître. Mouiller la brosse, enlever l'excédent d'eau en la passant sur de l'essuie-tout, puis appliquer les deux couleurs, en ayant soin de le faire dans le même sens que la couche précédente.
Commencer par poser la couleur B et alterner de temps à autre avec de petites quantités de couleur C, afin d'obtenir les nuances les plus sombres du bois.

4 - A l'aide d'une brosse sèche propre et très dure, bien « racler » la peinture encore humide, en la tenant comme indiqué sur la photo pour pouvoir régler la pression et créer des zones de textures différentes.

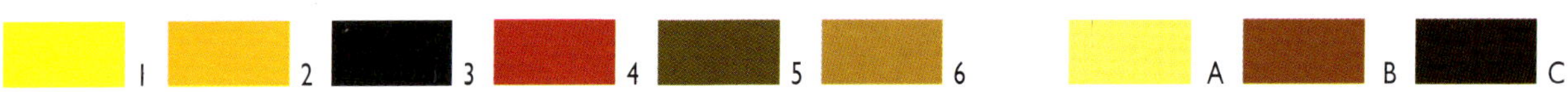

5

6

CONSEIL UTILE

Le noyer clair, dont la couleur est plutôt dorée, présente de petites lignes transversales sombres. Pour les obtenir, avant que la peinture ait complètement séché, passer la veinette légèrement salie avec un peu de terre d'ombre pas trop diluée.

Le mouvement doit être régulier et continu sur toute la longueur du plan à décorer.
Décharger doucement le pinceau sur de l'essuie-tout, puis recommencer sur une zone adjacente, en veillant à toujours travailler dans le même sens.
Aussi longtemps que la peinture reste fluide, le pinceau peut être sans problème repassé pour obtenir les nuances désirées. Dès qu'on sent que la brosse glisse moins facilement, il faut aussitôt s'arrêter : c'est que la peinture est en train de sécher.

5 - Avant que la surface ne soit totalement sèche, la fouetter à la veinette (on appelle ainsi une brosse spéciale pour faux bois, en vente dans tous les magasins de fournitures pour artistes et décorateurs). Cette opération permet de créer de minuscules lignes semblables aux fibres du bois, à travers lesquelles on entrevoit la couleur du fond. Il faut savoir, en l'occurence, que plus la peinture est fraîche, plus ces lignes seront visibles.

6 - Estomper aussitôt au blaireau (un gros pinceau très doux que l'on trouve également dans les magasins spécialisés pour artistes et décorateurs).
Lorsqu'on effleure avec le blaireau la peinture encore fraîche, les trois couleurs se fondent entre elles, recréant l'effet naturel de densité du bois.

7

8

7 - Appliquer deux ou trois couches de vernis mat à l'eau ou à l'huile, suivant les besoins et les goûts.

8 - Terminer par deux ou trois couches de cire pour obtenir un effet plus naturel.

Le faux noyer est souvent utilisé en trompe-l'œil, pour des encadrements de porte et de fenêtre.

ACAJOU

Bois précieux, très dur et compact, de teinte rougeâtre et d'aspect particulièrement lustré, l'acajou fut très en vogue dans les intérieurs néo-classiques. Il constituait en effet un excellent fond pour les sévères ornementations sculptées, en marqueterie ou en applications de bronze doré, des meubles de cette époque.
L'imitation de l'acajou trouve, comme celle du noyer (voir pages qui précèdent), de nombreux emplois dans la réalisation de décors muraux (trompe-l'œil de bibliothèques, de cadres de tableau, d'encadrements de porte et de fenêtre, de planchers, etc.

CE QU'IL FAUT

Couleurs :
1 - jaune citron,
2 - rouge, 3 - terre d'ombre, 4 - ocre rouge
Couleur A - jaune citron plus une pointe de rouge
Couleur B - terre d'ombre plus ocre rouge

Matériel :
éponge naturelle, brosse en soies de porc, blaireau

1 - Sur la surface humidifiée, appliquer à la brosse la couleur A préalablement diluée, d'un geste régulier, en tirant toujours la peinture dans le même sens ; il faut que le pinceau laisse des traces visibles.

2 - Après séchage complet de la couleur A, mouiller la surface à l'éponge et passer dessus la couleur B assez diluée. Garder la même orientation que pour la couche de base, sans trop charger le pinceau car on doit entrevoir le fond.

3 - Avant que la couche de couleur B ne commence à sécher, prendre une éponge propre et humide, sa face la plus déchiquetée tournée vers le décor et, en travaillant toujours dans le même sens, racler la couleur de manière à former des stries bien apparentes. Le mouvement doit être régulier et ininterrompu sur toute la longueur du décor, sans

1 2 3 4 A B

1

2

3

4

5

Très décoratif, le faux acajou est idéal pour figurer de grandes bibliothèques (page ci-contre) qui meubleront joliment une pièce (à droite).

repentir ni hésitation. Plus la surface à décorer est importante, plus il faut aller vite car la peinture sèche rapidement.

4 - Avant séchage complet, adoucir au blaireau, toujours en suivant le sens des stries.

5 - Comme pour tous les faux bois, deux ou trois couches de vernis mat à l'eau ou, si nécessaire, à l'huile, et deux ou trois couches de cire assureront une finition parfaite. Si l'on a décoré de petits objets, on pourra les vernir avec un gel brillant, car le véritable acajou présente souvent un éclat très vif.

PALISSANDRE

Le palissandre d'Amérique, également connu sous le nom de bois de rose, fut l'essence la plus prisée de l'ébénisterie française du XVIIIe siècle. Dur et résistant, il reste très apprécié de nos jours.
Moins souvent utilisé en trompe-l'œil que l'acajou à cause de sa couleur très sombre et de sa technique d'exécution compliquée, il est en revanche idéal pour enrichir des objets en bois bon marché de petite taille.

1 - Humidifier la surface à décorer et appliquer à la brosse la couleur A diluée.
Il importe peu qu'il reste des stries, à condition cependant que celles-ci aillent toutes dans le même sens.

1

2

CE QU'IL FAUT

Couleurs :
1 - jaune citron,
2 - rouge, 3 - noir,
4 - terre d'ombre,
5 - ocre rouge
Couleur A - jaune citron plus rouge
Couleur B - terre d'ombre, plus noir, plus ocre rouge
Couleur C - couleur B plus noir

Matériel :
brosse en soies de porc, petites brosses plates n° 3 et n° 4, pinceaux à retoucher n° 6 et n° 8, veinette

2 - Quand la peinture aura bien séché, mouiller de nouveau la surface et dessiner, avec la couleur C assez diluée, les grandes veines sombres caractéristiques du palissandre.

3 - Dès que les veines seront sèches, appliquer à la brosse la couleur B, très diluée, afin qu'on puisse entrevoir le veinage qu'on vient de créer et la couleur du fond. Bien tirer la peinture de manière que, par endroits, la couleur sous-jacente apparaisse davantage, formant des zones plus claires.

4 - Après séchage, renforcer la coloration de certaines zones avec la couleur B et le pinceau à retoucher, en formant des veines plus fines que les premières mais orientées dans le même sens ; ne pas oublier de mouiller souvent le fond.

5 - Attendre que les veines soient bien sèches puis, après avoir sali le bout de la veinette avec la couleur B, fouetter toute la surface à petits coups rapides pour dessiner les fibres du bois.

6 - Comme l'acajou, le palissandre se prête particulièrement bien au lustrage. Par conséquent, outre les vernis mats à l'eau ou à l'huile suivis d'applications de cire, le gel brillant peut constituer une finition adéquate pour des objets ainsi décorés.

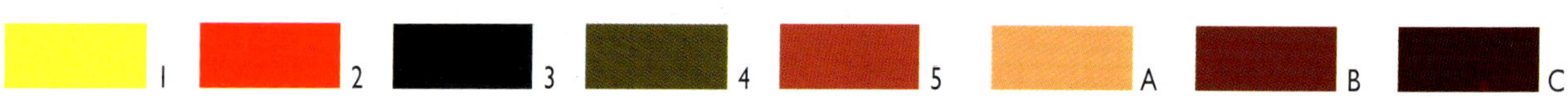

3

4

5

6

La base de ce chandelier doré et ces petits cadres pour photos ont été décorés en imitation palissandre.

BRUYÈRE

Cette simple boîte en papier mâché (ci-contre) deviendra un joli bibelot si on la peint en fausse bruyère (en haut).

Quand on parle de bruyère à propos de bois, il s'agit en fait de la racine de cette plante. On emploie aussi couramment les parties basses et certaines excroissances d'arbres comme le noyer, le merisier ou l'acajou, qui prennent alors le nom de « loupes ». Ce type de bois se caractérise par l'allure particulière de ses veines et par ses multiples nœuds, dont la teinte, l'emplacement et la configuration dépendent des essences.
La technique que nous indiquons ici vaut pour toutes les loupes ; seules changent les couleurs, et la disposition des nœuds. Mais quand on veut reproduire un type de loupe précis, il est indispensable de s'en procurer un échantillon.
Particulièrement décorative, l'imitation bruyère se prête bien à l'ornementation d'objets en papier mâché ou en bois bon marché tels que boîtes, pieds de lampe, petits meubles ou bibelots. En jouant sur le dosage des composantes de chaque couleur, on peut obtenir les nuances caractéristiques des loupes de chaque type de bois.

1 - Bien diluer la couleur A, qui doit évoquer la teinte naturelle du bois dont on utilise la racine ; elle sera plus ou moins orangée suivant la quantité de rouge ou d'ocre employée. Appliquer ensuite la peinture sur la surface préalablement humidifiée, à coups de brosse irréguliers et curvilignes.

2 - Après séchage, dessiner les nœuds à l'aide d'un pinceau à retoucher, avec la couleur B pas trop diluée ; la nuance de cette couleur aussi peut être modifiée. Suivre l'allure générale de l'échantillon en diversifiant la taille des nœuds et, si besoin est, l'intensité de leur coloration et leur forme, plus ou moins arrondie. Les petits nœuds peuvent présenter une teinte homogène et très foncée ; les plus grands devront ressembler à des cercles concentriques d'une couleur plus pâle.

3 - Quand les nœuds seront secs, bien mouiller la surface à l'aide d'une éponge propre et passer sans tarder à l'étape suivante.
Préparer la nuance désirée de la couleur C et, après l'avoir beaucoup diluée, faire un essai

CE QU'IL FAUT

Couleurs :
1 - jaune citron,
2 - rouge, 3 - terre d'ombre, 4 - terre de Sienne, 5 - ocre rouge,
6 - ocre
Couleur A - jaune citron plus ocre rouge ou ocre
Couleur B - terre d'ombre plus terre de Sienne
Couleur C - terre d'ombre, plus terre de Sienne, plus ocre rouge ou ocre
Matériel :
éponge, brosses en soies de porc, pinceaux à retoucher en martre synthétique ou en oreille de bœuf n° 4 et n° 6, carton
(voir malachite)

1

2

3

4

dans un coin pour voir si, chiquetée à l'éponge sur la couleur A, elle produit l'effet voulu. Sinon, essuyer immédiatement à l'éponge et, selon le résultat souhaité, foncer la teinte avec un peu de terre d'ombre ou l'éclaircir à l'ocre ou bien au jaune (l'ocre rouge sert dans les deux cas à faire tirer la couleur sur le rouge).

5

4 - Sur la surface humidifiée, appliquer à la brosse la couleur C, qui ne doit pas être trop couvrante pour laisser entrevoir le fond. S'efforcer de suivre le tracé des courbes précédemment formées avec la couleur A.

5 - Avant que la peinture sèche, effectuer par endroits et tout autour des

A

B

C

nœuds quelques dépouillés avec l'éponge propre et humide, afin de créer des zones plus claires où le fond transparaîtra davantage.

6 - Toujours sur la peinture humide, avec des mouvements curvilignes, passer une brosse sèche en soies de porc en appuyant bien pour créer des stries, surtout à proximité des groupes de nœuds. Dans certains types de loupes, ces stries sont très apparentes ; on peut alors employer du carton à la place du pinceau, en suivant la procédure indiquée pour la malachite. Le geste est toutefois moins compliqué que celui qui sert à créer les roses de malachite : on peut l'interrompre, le rendre plus ou moins circulaire, changer de sens à volonté, et il reste toujours possible de corriger des erreurs ou de supprimer des accumulations de peinture en tapotant délicatement l'éponge dessus.

7 - L'imitation de la bruyère et des loupes est la seule technique qui permet de rectifier d'éventuelles erreurs une fois que la peinture a séché : alors que dans les autres faux bois, il est impossible de corriger rapidement une erreur, on peut ici, sans abîmer le décor et en lui conservant un aspect naturel, chiqueter à l'éponge sur la zone à modifier un peu de couleur C, pas trop diluée pour qu'elle reste couvrante.
Là encore, la finition idéale est le vernis mat à l'eau ou à l'huile et la cire, suivant les modalités précédemment décrites.

6

7

Ci-dessus : exemple de décor en fausse loupe d'érable.
Ci-contre : une originale boîte à bijoux traitée en fausse loupe d'acajou.

SAPIN

Le sapin est sans doute le bois le plus utilisé pour les meubles rustiques bon marché.
D'une dureté toute relative et peu résistant aux chocs, il ne se prête guère au tournage à cause de ses nombreux nœuds et manifeste de plus une déplorable tendance à se fendre. On l'emploie très souvent, en revanche, avec d'excellents résultats pour réaliser des poutres et encore des charpentes.
Naturellement, suivant les variétés – sapin blanc ou sapin rouge, par exemple –, la coloration peut changer, au sein d'une gamme qui va du beige au jaune clair. Concernant les finitions, une ou deux couches de vernis à l'eau suffisent largement pour protéger la peinture.
Selon qu'on veut peindre un décor rustique de lambris fabriqués avec des planches neuves ou des poutres foncées par le temps, il faudra employer des couleurs et des instruments notablement différents.

Ci-contre : fausses poutres en trompe-l'œil avec effet de bois vieilli. Ci-dessus : imitation d'un lambris de salle à manger en frisette de sapin neuve.

1

Mur en sapin

Le faux sapin s'emploie généralement dans des décors muraux, où ses belles teintes chaudes font merveille.

1 - Mouiller la surface à peindre et, à l'aide de la brosse en soies, appliquer la couleur A diluée, en tirant bien pour laisser des stries visibles et parallèles sur toute la longueur du décor.

2 - Diluer la couleur B. Attendre que le fond soit complètement sec, puis le réhumidifier et appliquer la deuxième teinte à la brosse, dans le même sens que la précédente.

3 - Avant que la couleur sèche, prendre le berceau à faux bois. Cet outil, d'origine anglo-saxonne, est assez difficile à trouver en dehors des boutiques spécialisées qui vendent du matériel pour décoration en provenance d'Angleterre. A défaut, on peut également utiliser un berceau en caoutchouc et des peignes vendus séparément ; ceux-ci existent en différentes tailles et, suivant la largeur des dents, créent des veines plus ou moins écartées les unes des autres.
Quand on racle la peinture en faisant un peu basculer le berceau, on obtient de fines ellipses concentriques, tout à fait semblables aux veines du vrai bois.
Pour les refermer, il faut ramener lentement l'instrument en position de départ.
Il faut savoir que plus la main oscille lentement par rapport au mouvement de raclage dans le sens du fil du bois, plus les ellipses seront allongées ; inversement, plus le mouvement sera rapide, plus les ellipses seront courtes.
Avant d'employer cet outil sur le travail en cours, ce qui est assez délicat, mieux vaut réaliser quelques essais sur une petite planche pour s'entraîner à synchroniser correctement les deux mouvements et à doser la pression en fonction de l'effet souhaité.

4 - Avant que la couleur B sèche de part et d'autre

2

3

CE QU'IL FAUT

Couleurs :
1 - blanc, 2 - jaune citron, 3 - ocre,
4 - ocre rouge,
5 - terre de Sienne
Couleur A - jaune citron, plus ocre, plus une pointe de blanc
Couleur B - ocre, plus une pointe d'ocre rouge et une pointe de terre de Sienne
Couleur C - couleur B plus une pointe de terre de Sienne

Matériel :
brosse en soies de porc, berceau à faux bois, peignes, blaireau, pinceau à retoucher en martre synthétique n° 6

4

5

des veines qu'on vient de créer, la racler avec un des côtés du berceau à faux bois, où figurent les dents de deux peignes de dimensions différentes (il faut ici employer celui qui a les plus grandes dents). Toujours passer le peigne, ou le berceau, dans le sens des traces laissées par les coups de brosse.

5 - Estomper au blaireau la couleur B encore fraîche, pour unifier le veinage et donner l'illusion de la compacité naturelle du bois.

6 - Quand la peinture aura séché, prendre le pinceau à retoucher pour dessiner quelques nœuds avec la couleur C assez diluée. Il ne faut pas oublier de mouiller le fond pour permettre à la peinture de glisser naturellement. Faire décrire au pinceau des mouvements circulaires afin que se créent, à l'intérieur du nœud, plusieurs nuances de couleur.

6

7 - Il est essentiel de veiller à ce que les nœuds ne soient pas tous de la même dimension et de changer, sur chaque planche, leur nombre et leur disposition, afin de parfaire l'initiation du bois naturel.
Pour protéger le travail, terminer par une ou deux couches de vernis à l'eau.

Le secret d'une belle imitation du sapin réside dans la variété et l'irrégularité des motifs (vernis, nœuds).

7

Vieux sapin

Si l'on souhaite imiter de vieilles poutres d'une teinte grisâtre, le fond pourra être un mur, une toile apprêtée ou des panneaux de MDF, qu'il faudra recouvrir de deux couches d'impression à l'eau.

1

Contrairement à ce qui se fait pour le mur en sapin, la couleur A de fond doit être ici appliquée de manière uniforme.

1 - Humidifier la surface avec une éponge mouillée et appliquer la couleur A diluée, à coups de brosse réguliers tous orientés dans le même sens, en s'efforçant de couvrir à chaque fois la longueur de la poutre.

2

2 - Après séchage, prendre les pinceaux à retoucher pour dessiner, avec la couleur B très diluée, des veines d'épaisseurs diverses, puis, avec l'éponge salie de peinture, donner de petits coups par endroits pour simuler les encoches dues à l'usure. Ne pas oublier de mouiller périodiquement le fond avant de peindre les veines. Estomper ensuite leurs contours en blaireautant rapidement la peinture encore fraîche, dans le sens du fil du bois.

3 - Quand la surface aura de nouveau séché, la réhumidifier puis appliquer à la brosse la couleur C très diluée, toujours dans le sens de la longueur de la poutre. Bien tirer la couleur, qui doit presque former un glacis sous lequel on verra parfaitement les veines.
Avant que la peinture sèche totalement, donner quelques coups de blaireau en s'en servant comme d'une veinette, pour effacer les traces de pinceau et fondre la nouvelle couleur dans celle du fond, ce qui accroîtra le réalisme du résultat final.
Protéger le décor avec une ou deux couches de vernis mat à l'eau.

CE QU'IL FAUT

Couleurs :
1 - blanc, 2 - terre d'ombre, 3 - noir, 4 - ocre, 5 - ocre rouge
Couleur A - blanc, plus terre d'ombre, plus ocre
Couleur B - terre d'ombre plus noir
Couleur C - terre d'ombre, plus une petite pointe d'ocre rouge et d'ocre

Matériel :
brosse en soies de porc, éponge, pinceaux à retoucher en martre synthétique n° 4 et n° 8, blaireau

Page ci-contre : en bas, exemple de décor en trompe l'œil comportant des éléments en sapin ; en haut à droite, un détail.

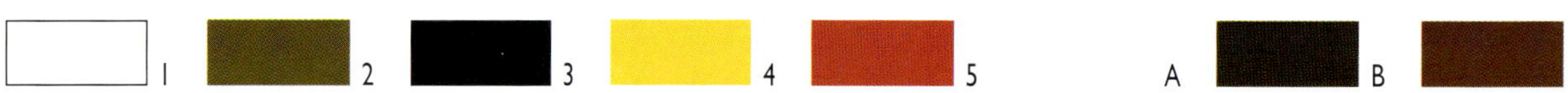

1 2 3 4 5 A B C

3

LE POCHOIR

Le pochoir (*stencil* en anglais) est une vieille technique décorative qui permet de reproduire en de multiples exemplaires et sur divers types de surfaces (papier, tissu, bois, mur) un même motif au moyen d'une plaque découpée, appelée pochoir, qui sert en quelque sorte de patron. Cette plaque, évidée de manière à former le dessin désiré, peut être en carton, en métal ou en divers autres matériaux (comme l'acétate ou le papier bulle). Quand on passe la peinture dessus, la couleur traverse les trous et seul le motif reste imprimé sur la surface à décorer. On a découvert en Chine des objets en papier et en soie qui furent ornés suivant cette technique plus de 3 000 ans avant notre ère. Par ailleurs, dans les églises britanniques des XIIIe et XIVe siècles, on peut encore voir des décors exécutés au pochoir et, dans l'Angleterre des Tudor, de nombreux décorateurs utilisèrent ce procédé sur des murs blancs, sans autre revêtement.

A la fin du XVIIe siècle, avec l'arrivée des papiers peints en provenance de Chine, le goût du public se tourna vers ces réalisations sophistiquées et la technique du pochoir fut temporairement délaissée : on ne l'employa plus que dans les contrées où les papiers peints étaient introuvables ou très chers, comme en Amérique. Le pochoir se retrouva ainsi associé à la vie des premiers colons américains ; originaires d'Europe, ils emportèrent cette technique avec eux.

Page de gauche : détail d'un mur peint au pochoir ; ci-dessus : abat-jour en lin grège ; tous deux sont ornés de motifs damassés originaux de l'époque victorienne.

Les motifs de pochoirs se sont inspirés des décors les plus typiques de chaque pays et époque. Les Hollandais ont privilégié des thèmes caractéristiques tels que tulipes, feuilles et cœurs ; les Américains des motifs empruntés à la culture indienne. En Europe, les décors de l'époque victorienne et du Second Empire (guirlandes de fleurs et de fruits) eurent beaucoup de succès. Pendant la période Liberty et dans l'Art déco, la peinture au pochoir connut un nouvel essor et l'on reprit tous ces vieux motifs, qui s'adaptaient bien au nouveau style.

La simplicité et la grande souplesse d'emploi du pochoir ont ensuite élargi le cercle de ses adeptes : il est devenu l'un des procédés de décoration les plus employés, y compris dans d'autres domaines, comme le décor country, où l'on doit sou-

En haut, à gauche : panneau décoratif dont la bordure et les figures ont été peintes au pochoir. Ci-dessous : détail agrandi de la bordure.

Les dessins reproduits sur cette page sont des exemples de motifs de pochoirs s'inspirant de divers styles décoratifs.

vent répéter plusieurs fois un même motif.

Le pochoir peut être utilisé de diverses manières mais, qu'il s'agisse d'un petit objet ou d'un mur entier, la difficulté d'exécution – indépendamment du temps de travail nécessaire – ne change pas. Ce procédé permet en outre de faire ressortir des éléments architecturaux peu apparents ou bien de masquer des irrégularités. On peut ainsi « abaisser » un plafond trop haut au moyen d'une bordure peinte au pochoir à 10-20 cm du haut du mur, ou « raccourcir » des couloirs longs et étroits par des motifs verticalement alignés. Des

Ci-dessus : paravent orné de motifs damassés peints au pochoir.

A gauche : ces deux ornements montrent comment donner du relief à une réalisation au pochoir par de simples indications d'ombre et de lumière.
Ci-dessous : plateau orné aux quatre coins de petits nœuds exécutés au pochoir.

fenêtres et de petites niches insignifiantes peuvent également être mises en valeur par un travail au pochoir approprié.
Il importe de choisir le dessin en fonction du lieu. Pour une pièce très irrégulière par exemple, on préférera des motifs ouverts, qui détourneront l'attention de l'allure générale de la pièce ; le long d'un escalier, on évitera les lignes obliques, car il serait extrêmement difficile de leur donner la même pente que celle de la rampe. Inutile de recourir à des décors compliqués : un simple dessin monochrome peut déjà être très joliment rehaussé par quelques touches d'ombre et de lumière (comme indiqué dans le chapitre sur l'ornementation). L'essentiel est que les motifs choisis s'harmonisent avec le cadre dans lequel ils devront s'insérer. On peut ainsi copier le motif d'un rideau et le reporter en guise de bordure sur les murs de la pièce ou, à l'inverse, un décor mural préexistant peut être repris pour animer un rideau, une nappe ou un couvre-lit.
Pour un premier essai, il est conseillé de choisir un dessin très simple, qui soit facile à transformer en pochoir. Les fenêtres et les ponts une fois créés (les premières sont les parties évidées, les seconds les espaces pleins qui séparent les fenêtres), on applique la couleur, sans oublier que le fond doit avoir été auparavant recouvert de peinture à l'eau blanche ou teintée.

Cette guirlande peinte à 20 cm du plafond a permis de rééquilibrer les dimensions de la pièce. Des frises décoratives obtenues avec un même motif de pochoir orienté de manières différentes (en bas), répété en totalité ou partiellement, peuvent agrémenter divers objets.

Pochoir sur bois

Le support doit être en bon état, sec, avec un fond déjà préparé. La première fois qu'on utilise un pochoir, il est plus prudent de faire quelques essais sur une planchette en bois, préalablement traitée de la même manière que la surface à décorer, pour acquérir un minimum de pratique et contrôler l'effet chromatique. Par ailleurs, si l'on décide de travailler au pochoir sur un fond préexistant, il faut s'assurer que les produits que l'on souhaite employer sont compatibles. Les peintures à l'eau, les terres et les couleurs acryliques sont en général compatibles.
Le motif choisi peut être agrandi ou réduit à la photocopieuse directement sur l'acétate. En cas de coup de ciseaux malheureux lors du découpage, on peut recouvrir les deux faces de l'entaille avec du ruban adhésif. On emploie la même technique pour réparer un pochoir qui s'est cassé ou déchiré à l'usage. De toute façon, si la surface à peindre est très étendue, il vaut mieux fabriquer deux exemplaires du même pochoir.
Avant de se mettre au travail, il est bon de protéger le sol avec du papier journal et de penser à rassembler le matériel nécessaire, sans oublier un seau d'eau et du papier absorbant pour pouvoir essuyer les brosses chaque fois qu'elles seront trop chargées. Prévoir une brosse par couleur pour éviter d'avoir à la laver (et donc à la faire sécher) en cours de travail. La peinture ne doit pas être diluée, ou juste assez pour pouvoir mélanger les couleurs qui composent chaque teinte ; il faut en effet qu'elle reste bien couvrante.

1 - Rassembler le matériel à dessin nécessaire : papier-calque, acétate, gomme, crayon, feutres.

2 - Décalquer le motif choisi.

3 - Le transformer en pochoir en créant des ponts et des fenêtres.

Ce qu'il faut

Couleurs :
1 - blanc,
2 - bleu,
3 - noir,
4 - vert,
5 - ocre
Couleur A - blanc, plus bleu, plus noir
Couleur B - couleur A plus blanc
Couleur C - vert, plus ocre, plus noir
Couleur D - couleur C plus ocre

Matériel :
papier-calque, crayon, gomme, taille-crayon, ruban de masquage, acétate (ou papier bulle ou, à la rigueur, chemise en plastique), feutres indélébiles de couleurs différentes, cutter (ou pointe à pyrograver), carton pour protéger le plan de travail (ou planche, ou vitre), brosses à pochoir, éponge

1

3

2

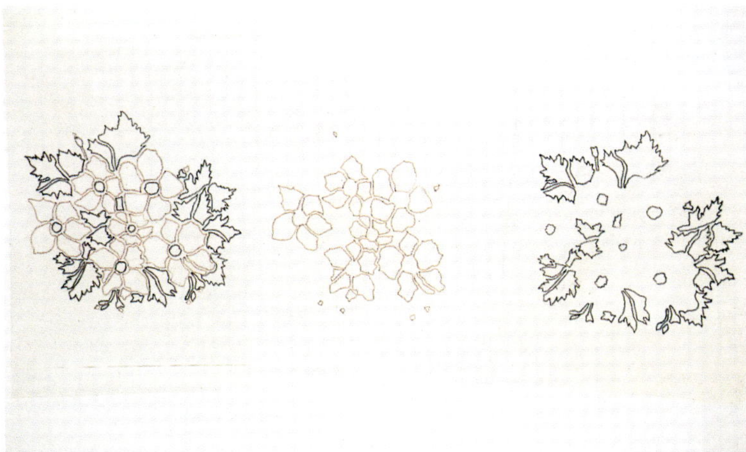

4

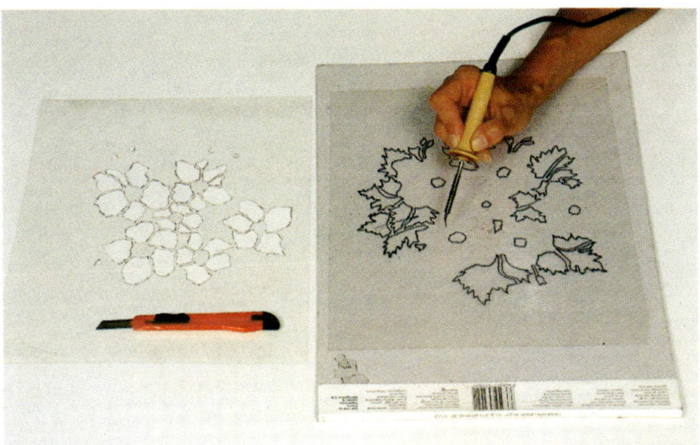

5

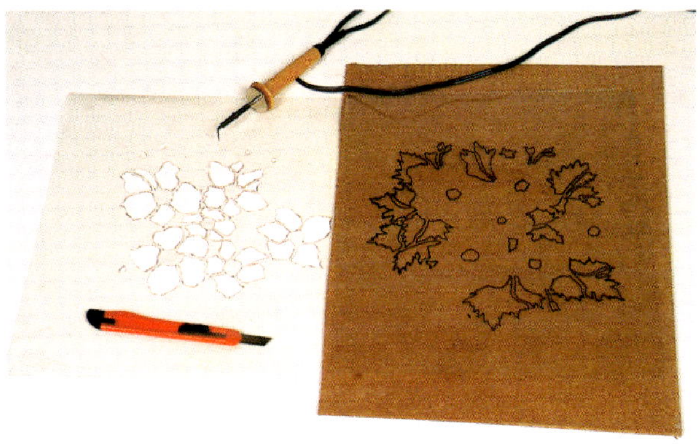

6

4 - Reporter le dessin obtenu sur l'acétate, en employant un feutre de couleur différente pour chaque série de fenêtres à remplir avec la même teinte (ici, bleu et vert). Pour exécuter une peinture au pochoir avec plusieurs couleurs, on doit en effet réaliser autant de pochoirs qu'il y aura de couleurs, et ne dessiner sur chaque pochoir que les fenêtres correspondant à une teinte donnée.

5 et 6 - Pour découper l'acétate, on peut utiliser, à la place d'un cutter, une pointe à pyrograver comme celles qu'on emploie pour la gravure sur cuir ou sur bois. Il est alors préférable de protéger le plan de travail par une plaque en verre.

7 - Avant de commencer à peindre, on centre bien le dessin à l'aide d'une règle ou d'une équerre, puis on trace sur la surface à décorer quelques marques au crayon à travers les repères découpés à cet effet dans le pochoir.

8 - Pour fixer le pochoir, on peut utiliser de la colle en spray (celle

A B C D

CONSEILS UTILES

Si le motif à peindre comporte plusieurs couleurs (photo ci-dessous), on crée sur chaque pochoir des repères afin d'être sûr que les fenêtres seront toutes bien alignées. Pour ce faire, après avoir découpé les différents pochoirs et les avoir superposés de telle sorte que tous leurs éléments soient bien en place, rogner leurs bords pour qu'ils aient tous la même dimension puis, en les maintenant superposés, découper simultanément sur tous les pochoirs, en haut à droite et en bas à gauche, deux étroites fenêtres qui serviront de repères. Avant de commencer à peindre, on trace des marques au crayon à travers ces repères sur la surface à décorer. Ensuite, chaque fois qu'on change de pochoir, on vérifie que les repères se superposent bien aux marques.

7

Ci-dessous : une frise et son pochoir, avec tous ses repères de positionnement. Le travail au pochoir exige, du décalque original au vernissage de finition, patience et minutie.

8

9

Conseils utiles

Dans le travail au pochoir, il est primordial de bien doser la peinture : s'il y en a trop ou pas assez, les bords apparaîtront irréguliers (1) ou trop estompés (2). Par ailleurs, les contours ne seront nets et réguliers (3) que si l'on a employé une brosse presque sèche, ce qui évite que la couleur s'infiltre sous le cache.

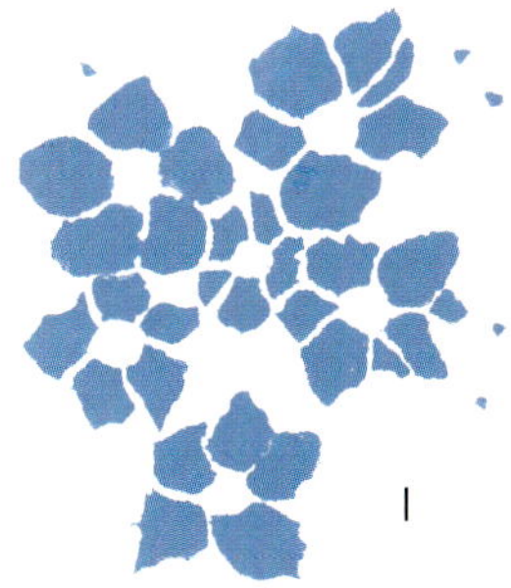

1

2

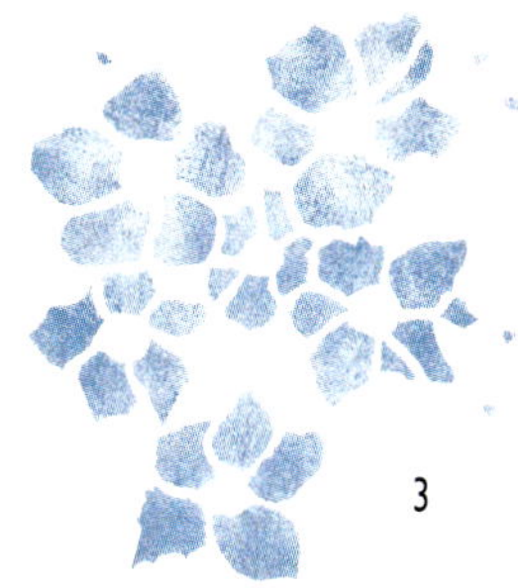

3

qu'emploient les graphistes), ou du ruban de masquage. L'essentiel est que, une fois en place, le dessin ne bouge pas quand on appliquera la peinture.

9 - Tremper la brosse à pochoir dans la peinture de façon que celle-ci pénètre bien entre les soies, puis la décharger légèrement (pour éviter les bavures) en la tapotant sur de l'essuie-tout jusqu'à ce qu'on ne voie plus qu'une légère ombre colorée.
Appliquer la couleur en tenant la brosse perpendiculaire au pochoir, par petites touches rapides de même intensité, en partant du bord des fenêtres pour aller ensuite vers le centre. Pour obtenir des dégradés, il ne faut pas augmenter la pression, mais repasser sur les zones qu'on souhaite foncer. Enfin, enlever le pochoir et attendre que la peinture sèche complètement avant de placer le suivant.
En installant le second pochoir, bien s'assurer que ses repères coïncident avec les marques précédemment faites au crayon. Ici, nous avons utilisé deux tons de bleu ciel (obtenus en faisant varier la quantité de blanc) ; comme ces couleurs sont très proches, on pouvait employer la même brosse, à condition de commencer par la teinte la plus claire, puis de nettoyer et de faire sécher la brosse avant d'appliquer la plus foncée.
Pour terminer, on peut passer une couche de vernis protecteur.

Cette chaise s'harmonise désormais parfaitement avec les rideaux de la chambre dont a été tiré le motif du pochoir.

POCHOIR
SUR TISSU

Il existe des peintures pour tissu adaptées à la technique du pochoir ; on les trouve en une large gamme de coloris dans les boutiques de fournitures pour artistes. Elles sont plus chères que les peintures à l'eau mais, quand on veut orner une nappe ou un centre de table qui auront à subir de nombreux lavages, il vaut mieux employer ces produits car ils offrent une meilleure garantie de durée. La technique d'exécution reste de toute façon la même. Si on souhaite en revanche décorer quelque chose qui n'aura pas besoin d'être fréquemment nettoyé (un abat-jour, par exemple), une bonne peinture à l'eau suffit pour obtenir un décor durable.
Cela dit, dans les deux cas, la toile qui servira de support doit être en fibres naturelles (lin, coton), et il faudra d'abord la laver et la repasser soigneusement afin de supprimer les plis qui pourraient nuire à l'impression du motif.

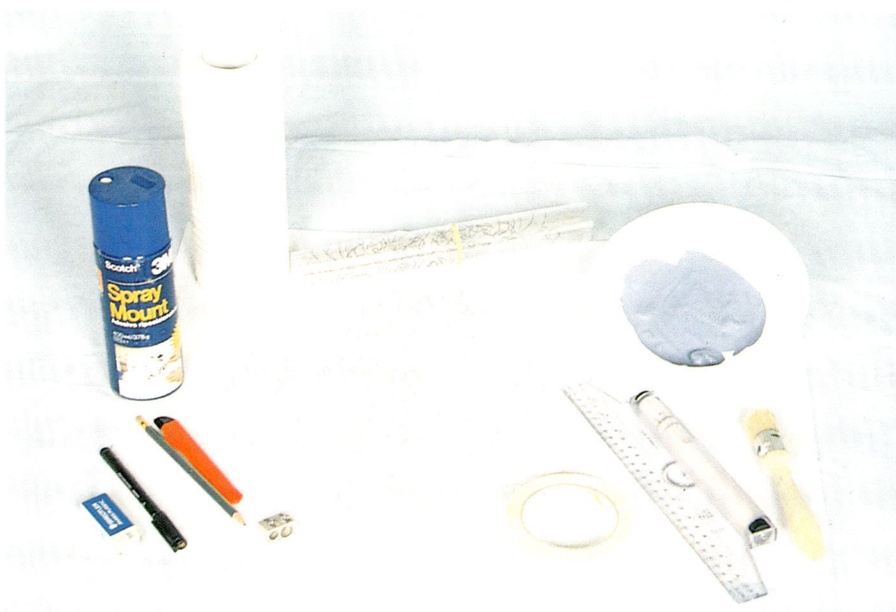

En haut : ce rideau blanc décoré au pochoir reprend le motif du couvre-lit de la chambre ; sur la droite, un détail.
Ci-contre : le matériel nécessaire – crayon, gomme, feutre, cutter, essuie-tout, colle repositionnable en spray, acétate, règle, peinture, brosse à pochoir, ruban de masquage.

1

2

3

4

Pour l'abat-jour aussi, on a choisi le même motif que sur le couvre-lit et les tentures.

1 - Rassembler tout le matériel nécessaire et, si l'on compte reproduire un motif bien précis, comme dans notre exemple où le dessin du couvre-lit et des tentures a été transformé en pochoir pour les rideaux, penser à se munir d'acétate, d'un cutter, de calque, d'une règle, d'un crayon, d'une gomme et d'un feutre indélébile.
Pulvériser la colle sur le pochoir et mettre ce dernier en place suivant les indications précédemment données (voir pages 101-103, n° 8).
Par ailleurs, si le tissu est très léger, il vaut mieux glisser dessous une feuille d'essuie-tout pour absorber la peinture qui pourrait passer au travers.

2 - Charger la brosse et la tamponner sur un morceau d'essuie-tout pour ôter l'excédent de peinture.

3 - Appliquer la couleur à travers les fenêtres du pochoir.

4 - Il est plus facile de travailler au pochoir sur tissu que sur un mur ou sur du bois car la peinture, étant immédiatement absorbée, ne crée pas de bavures.

LA PEINTURE RUSTIQUE

Les êtres humains ont toujours fait preuve d'un goût naturel pour la décoration et, suivant les époques et les lieux, divers styles ornementaux se sont constitués, qui diffèrent les uns des autres par les matériaux, les techniques et les motifs employés.
On entend par peinture rustique une forme de décoration très simple – comme le décor country, le décor tyrolien ou le découpage – essentiellement appliquée aux murs ou au mobilier, qui s'est surtout développée dans les campagnes et les petites villes et qui se caractérise par la simplicité de ses motifs, par sa rapidité et sa facilité d'exécution, et aussi par l'emploi de matériaux pauvres, à la différence de techniques plus raffinées telles que le trompe-l'œil, la grisaille ou l'imitation des marbres.
Les décors rustiques sont étroitement liés à leur territoire et à leur culture d'origine. De nos jours, l'intérêt pour cette forme d'art s'est tellement diffusé que les décorateurs font couramment appel, pour traiter leurs fonds, à des techniques spécifiques comme la peinture grattée ou diverses patines afin de créer un effet de vieil objet rustique.
En ce qui concerne le matériel, il faut prévoir – outre des couleurs acryliques, une éponge, des pinceaux et tout le nécessaire pour reporter le dessin – du papier abrasif et des patines pour vieillir la décoration, ainsi que des vernis à l'eau et de la cire pour la protéger.
Dans les décors rustiques, les teintes sont généralement assez sombres. Jadis en effet, on employait surtout le noir et les variétés les plus foncées de rouge, de bleu et de vert qui, en l'absence de produits spécifiques pour fixer la couleur sur le bois, résistaient plus longtemps.

Page de gauche : motif de treillage recouvert de plantes grimpantes. Ci-dessus : plateau d'une table dont le décor country s'inspire de motifs de couvre-lits en patchwork.

Ci-dessus : ce décor rustique a transformé une boîte de fabrication récente en un charmant coffret de grand-mère.

Le décor country laisse une large place à la fantaisie du décorateur, qui peut s'inspirer de motifs et de couleurs typiques de multiples régions ou pays : mexicains, africains, slaves, etc. Les dessins géométriques, en particulier, conviennent bien à l'ornementation d'objets de forme régulière, tels que boîtes et cadres. Quant aux motifs floraux, leur dimension doit toujours être adaptée à celle de la surface à décorer. Les livres et revues spécialisés, mais aussi les tissus d'ameublement, constituent de précieuses sources d'inspiration auxquelles on se référera toujours avec profit.

Ci-dessus : motifs décoratifs caractéristiques de la peinture rustique.
A gauche : armoire de facture simple, de la première moitié du XIXe siècle, en provenance de la Val Badia (Haut-Adige).

Le motif floral des rideaux a été en partie repris pour créer une bordure le long de la corniche du plafond de la pièce.

DÉCOR COUNTRY

Ce genre de décor, caractérisé par la fraîcheur et la sobriété de ses teintes naturelles, est très apprécié en Grande-Bretagne ainsi que dans certaines régions françaises comme la Provence. Les dessins employés se rapportent souvent à la tradition hollandaise (tulipes, feuilles, guirlandes, nœuds) ou à celle des Indiens d'Amérique. Les objets qui se prêtent le mieux à ce type d'ornementation sont les meubles rustiques, mais le country ne manque pas non plus d'agrément sur de petits bibelots. Les motifs qu'on peut utiliser sont extrêmement variés, des ornements végétaux aux classiques entrelacs et aux petites bordures.
Pour exécuter un décor country, il faut avant tout reporter le dessin à l'aide de papier graphite sur le support préalablement traité. On applique ensuite la couleur de base des motifs – des fleurs et des feuilles, par exemple – puis, dans un deuxième temps, on indique les ombres et les lumières.
Quand on veut décorer un meuble en bois ou en MDF, son état conditionne le choix du traitement du fond. En général, s'il n'est pas trop délabré, deux ou trois couches d'impression à l'eau suivies d'un bon ponçage au papier abrasif suffisent. Et si la teinte naturelle du bois s'harmonise bien avec les couleurs choisies pour le décor, on peut même se contenter de deux ou trois couches de bouche-pores. Autrement, en ce qui concerne le fond de la décoration, on peut recourir aux teintures, à la technique de la peinture grattée ou bien au chiquetage à l'éponge d'une couleur homogène, pourvu que cela mette les motifs en valeur. Pour l'intérieur du meuble, on adoptera la teinture, une technique de vieillissement du bois, ou bien la même solution que pour l'extérieur.
Pour la finition, il vaut mieux utiliser un vernis mat à l'eau, à passer en deux ou trois couches qui seront suivies par une application de cire.
Le pochoir convient parfaitement aux caractéristiques du style country. L'idéal est d'allier la technique du pochoir avec celle des ornements peints à main levée : la première permet d'accélérer l'exécution des motifs typiquement répétitifs qu'on trouve dans les décors country, tandis que la seconde sert à peaufiner le travail et à le rendre moins statique.

En haut : le motif du tissu choisi pour l'abat-jour a été repris sur le pied en bois de la lampe.

Ci-contre : sur ce bouquet coloré en aplats, on a foncé certaines parties pour donner du relief, puis on a indiqué les lumières avec du blanc.

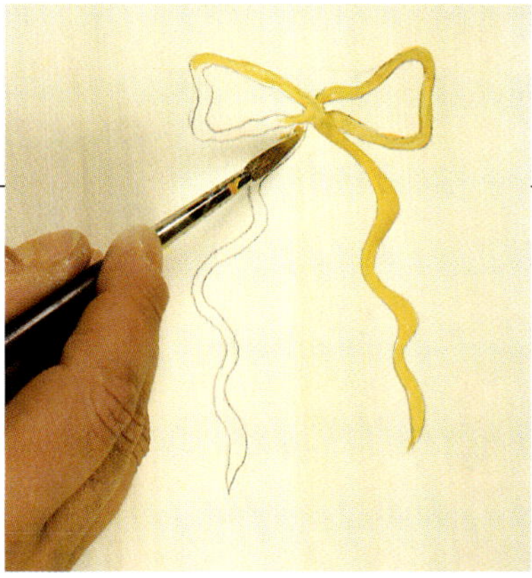

1

2

3

4

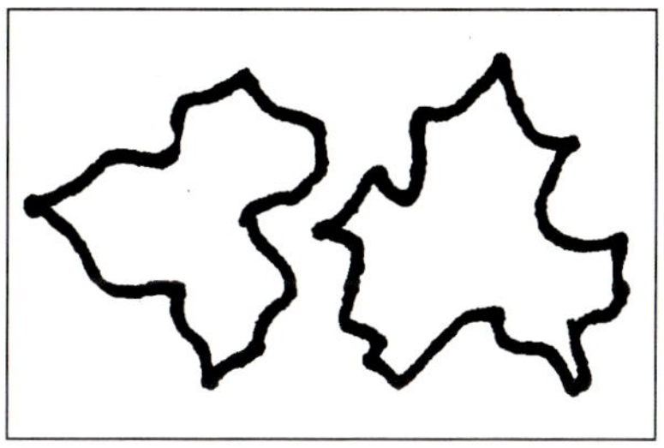

Le country sur de petits objets

Cette corbeille à papier en bois brut a été poncée au papier de verre puis traitée avec deux applications d'une sous-couche protectrice à l'eau et recouverte de deux tons différents de peinture à l'eau beige, appliqués alternativement à coups de brosse apparents.

1 - Sur la peinture sèche, dessiner (ou reporter au papier graphite) un nœud qu'on colorera ensuite à l'aide d'un pinceau à retoucher en martre synthétique de taille appropriée.

2 - Prendre un pinceau en martre synthétique n° 2 et une peinture très diluée à l'eau pour peindre les tiges, dont on aura d'abord tracé l'allure générale à l'aide d'un crayon sec ; la coloration doit apparaître irrégulière.

3 - Disposer au hasard, près des tiges qu'on vient de peindre, des pochoirs en acétate dans lesquels on aura pris soin de découper de petites feuilles de lierre. Appliquer la couleur choisie.

4 - Terminer le décor en peignant les rameaux qui relient les feuilles aux tiges et les petites baies jaunes. Employer des pinceaux à retoucher de taille adaptée.
Il faudra bien sûr recommencer de chaque côté de la corbeille. Pour finir, passer deux ou trois couches de vernis mat à l'eau.

Au centre de la page : les petites feuilles à découper pour compléter le décor au pochoir.
Ce simple motif décoratif répété plusieurs fois sur un objet assurera son intégration harmonieuse dans une pièce meublée en style country.

Le country sur de grandes surfaces

En employant la même technique que pour de petits objets, on peut décorer vite et sans difficulté des surfaces plus étendues, comme celle d'un vaisselier.
L'intérieur et l'extérieur du meuble pourront être préalablement traités par trois applications d'une sous-couche à l'eau, pour les éclaircir et les rendre plus lisses.

1 - Préparer deux pochoirs différents : le premier avec une simple frise géométrique, le second avec une succession de petites feuilles et de baies qui seront disposées parallèlement à la frise.

2 - Avec seulement deux couleurs, en jouant sur la variation des teintes du fond et sur divers modes de superposition ou de juxtaposition de ces pochoirs, il est possible de décorer harmonieusement un meuble d'assez grandes dimensions tout en différenciant bien ses parties. On pourra ainsi faire alterner joliment un fond bleu homogène (obtenu avec du bleu, du blanc et du noir) et un fond beige clair, sur lequel on aura chiqueté une teinte ocre à l'éponge sans trop appuyer, pour ne pas rendre la peinture trop couvrante.

3 - Sur le fond bleu, en utilisant la même peinture un peu foncée par un ajout ultérieur de bleu et par une pointe de noir, imprimer au pochoir, de manière à former un cadre, les petites feuilles qui seront, dans un deuxième temps, re-

1

2

3

4

5

CONSEILS UTILES

Les motifs adoptés pour ce vaisselier pourront aussi être reproduits avec bonheur sur des murs ; il faut toutefois savoir que les frises rectilignes, comme celles qui sont proposées ici, conviennent mieux aux pièces de forme régulière.
Le jeu sur les décors en positif et en négatif est par ailleurs caractéristique du style country.

liées entre elles par une longue tige peinte à main levée avec un pinceau à retoucher.

4 - Sur le fond beige, peindre au pochoir la frise géométrique, toujours en formant un cadre, avec la même couleur que celle qui a été employée au départ pour le chiquetage à l'éponge.

5 - Par-dessus le cadre géométrique qui entoure les portes de la vitrine, imprimer les feuilles et les baies de l'autre pochoir, pour rappeler l'encadrement des portes du bas.
Finir le travail en appliquant deux ou trois couches de vernis mat à l'eau, qui fixeront le tout et donneront un reflet très naturel.

Ce vaisselier de fabrication industrielle a été personnalisé par une décoration de style country exécutée au pochoir.

Meuble de cuisine

Les meubles destinés à une cuisine gagnent souvent à être décorés en style rustique et, en utilisant simplement la terre d'ombre à la place d'une patine classique, on peut transformer un meuble à peine sorti de l'usine en un charmant vieux buffet.

1 - Après avoir traité la surface du meuble avec trois couches de bouche-pores, appliquer deux couches de peinture à l'eau opaque pas trop diluée.
Ici, la décoratrice avait d'abord décidé d'employer, pour le fond et les encadrements des panneaux de portes, deux tonalités différentes de beige mais, après impression des motifs au pochoir, le meuble lui a paru trop fade et elle a préféré remplacer le beige le plus foncé par un gris vert (obtenu avec du vert, du noir, de l'ocre et du blanc). De fait, les couleurs étant peu diluées, elles restent assez couvrantes pour qu'on puisse, sur une teinte neutre comme le blanc sale ou le beige, en repasser une autre, surtout si elle est plus sombre, sans gâter l'effet naturel caractéristique de ce type de décoration.

2 - Le pochoir employé a été réalisé à partir d'un dessin à main levée qui a ensuite été décalqué, transformé en pochoir par création de ponts et de fenêtres, puis reporté sur de l'acétate et découpé.

3 - Une fois que la couleur de base des panneaux est

2

1

3a

3b

CONSEILS UTILES

Pour appliquer la couleur, on peut employer comme ici, à la place d'une brosse à pochoir, une éponge naturelle sèche trempée dans la peinture puis un peu déchargée sur une feuille d'essuie-tout. Bien serrer l'éponge entre les doigts et tamponner avec légèreté.
En règle générale, il vaut mieux employer une éponge qu'une brosse chaque fois qu'on travaille au pochoir sur un mur ou sur une surface très étendue, car l'éponge permet d'aller plus vite. L'éponge est par ailleurs indiquée lorsqu'on veut obtenir une coloration un peu floue et irrégulière.

4

5

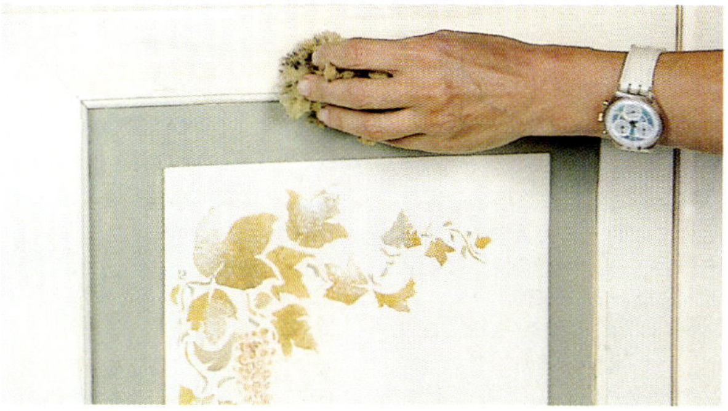

6

bien sèche, fixer le pochoir et appliquer de la peinture à l'eau ocre non diluée puis, sans ôter le pochoir, tamponner par endroits du blanc pur pour dégrader la teinte des feuilles (3a).

4 - Attendre que le motif ait séché puis, avec un pinceau à retoucher, le rehausser d'un peu d'ocre, de vert et d'ocre rouge : reprendre les vrilles au vert, renforcer la couleur de quelques feuilles à l'ocre rouge très dilué, retoucher les grains de raisin et préciser par endroits à l'ocre les contours des feuilles.

5 - Après séchage complet, préparer de la terre d'ombre très diluée au lieu d'une patine du commerce, pour « salir » le meuble et conférer au décor un aspect ancien.

6 - Mouiller la surface à l'éponge et, à l'aide d'une petite brosse ronde, passer la terre d'ombre diluée sur les parties du meuble où la saleté est susceptible de s'accumuler et sur celles où il peut y avoir frottement, et donc usure. Rapidement, avec l'éponge humide, essuyer un peu la couleur jusqu'à obtenir l'effet désiré. Répéter l'opération partout où c'est nécessaire. Protéger enfin le travail avec plusieurs couches de vernis mat à l'eau.

Avec sa nouvelle décoration, ce buffet de cuisine ne déparerait pas dans un séjour.

DÉCOR TYROLIEN

Exemple caractéristique de peinture rustique, le style tyrolien reflète le goût typiquement nord-européen pour les décors rustiques à motifs floraux ; il s'est beaucoup développé au Tyrol, d'où son nom. Ses éléments décoratifs et ses techniques d'exécution n'ont guère évolué au fil des siècles, si bien que le type d'ornement permet de deviner la région d'origine.
Ce genre de décoration s'exécute exclusivement sur bois (meubles, portes, lambris) ; le traitement du support sera donc celui qu'on applique habituellement au bois. Si, pour le décor extérieur, on a le choix entre de nombreuses techniques de décoration des fonds (teintures, bois vieilli, peinture grattée, coloration uniforme), il est préférable pour l'intérieur des meubles de s'en tenir aux teintures ou à une technique de vieillissement. Les couleurs les plus utilisées sont le bleu ciel, le turquoise, le vert olive, le rouge sombre, le bleu outremer.
Pour les finitions, on emploie de la cire par-dessus deux couches de vernis à l'eau. Ces décorations sont en outre souvent vieillies à la patine.

En haut, décors tyroliens du XIXe siècle : à gauche, composition florale de roses et tulipes dans un vase traité en grisaille ; au centre : bordure ornementale à entrelacs typique du nord de l'Europe ; à droite : guirlande de tulipes et de roses. Ci-contre : motifs de feuilles typiques des décors tyroliens.

CE QU'IL FAUT

Couleurs :
1 - bleu ciel,
2 - turquoise,
3 - vert olive,
4 - rouge sombre,
5 - bleu outremer

Matériel :
papier abrasif, ruban de masquage, éponge, brosses en soies de porc, papier graphite, pinceau à retoucher en martre synthétique

A gauche : meuble à deux corps du début du XIXe siècle, en style baroque tardif, provenant du Tyrol autrichien (Ellbach). Sur le reste de la page : exemples d'ornements caractéristiques du style tyrolien.

Les décors tyroliens se caractérisent par des schémas ornementaux assez rigides ; il est donc nécessaire, avant de passer à la phase d'exécution, de réaliser une maquette détaillée, sans oublier la mise en couleur. Cette technique n'autorise en effet aucun repentir, et il sera impossible par la suite de changer ou même de nuancer les teintes sans risquer de nuire à l'aspect naturel du décor.

Pour ce dessin, la décoratrice s'est inspirée de motifs exécutés sur des meubles anciens, qu'elle a regroupés pour former une composition originale.

1

2

Coffre tyrolien

Agrémenter un simple coffre d'un décor tyrolien n'est pas une mince affaire car, contrairement au décor country, ce type d'ornementation présuppose la mise au point d'un projet rigoureux.

1 - Il faut tout d'abord prendre avec précision les mesures des panneaux sur lesquels on peindra le décor, puis composer un dessin qui reprenne les schémas ornementaux classiques de la grande tradition tyrolienne, en les adaptant aux dimensions de chaque panneau.

2 - Après avoir créé son motif (on peut s'inspirer de modèles anciens présentés dans des livres et des revues), on le photocopie en plusieurs exemplaires pour pouvoir effectuer des essais de coloration.
Il est en effet nettement préférable, une fois que l'on a choisi la teinte du fond, de réaliser sur papier une maquette complète en couleur de la décoration.

3 - Une fois qu'on a réglé tous les détails du projet, on peut passer à la phase d'exécution proprement dite en recouvrant le meuble de deux couches d'impression à l'eau, sans oublier de poncer soigneusement la surface – avant et après – au papier abrasif.

4 - Avec un beige pas trop dilué, peindre le fond des panneaux centraux, puis donner quelques coups de brosse sur le reste du meuble, aux endroits où

3

4

l'on compte créer un effet de peinture grattée.

5 - Appliquer de la cire sur les zones teintées de beige.

6 - Après avoir masqué les panneaux centraux au papier adhésif, mouiller le reste du meuble avec une éponge, en veillant à ne pas repasser sur les parties où l'on a mis de la cire.

7 - Préparer deux tons de bleu, un clair et un plus foncé et, à coups de brosse réguliers tous orientés dans le même sens, appliquer ces couleurs (pas trop diluées pour qu'elles restent couvrantes) en les répartissant de manière à faire ressortir les moulures du coffre ; employer une brosse par couleur.
Veiller à ce que les deux teintes soient bien contrastées : au besoin, éclaircir l'une d'elles avec du blanc ou foncer l'autre avec une pointe de noir.
Passer la peinture avec un soin particulier sur les zones cirées.

8 - Reporter le dessin sur les panneaux à l'aide de papier graphite.

5

6

7

8

9

10

11

12

13

9 - Avant de commencer à peindre le motif, enlever la peinture bleue sur les zones traitées à la cire, avec un chiffon imbibé de white-spirit, puis frotter légèrement au papier abrasif n° 240 pour atténuer les transitions.

10 et 11 - Avec un pinceau à retoucher en martre synthétique de taille adéquate et des peintures non diluées, colorer les divers éléments du dessin.

12 - Quand la peinture sera parfaitement sèche, prendre un pinceau à retoucher en martre synthétique pour réaliser quelques rehauts avec de petites touches de blanc.

13 - Attendre que le décor soit bien sec, puis protéger le travail avec deux couches de vernis mat à l'eau.

14 - Après séchage du vernis, appliquer de la patine sur toute la surface du meuble, puis essuyer irrégulièrement avec une feuille d'essuie-tout, en veillant à laisser davantage de produit dans les coins et sur les rainures. Attendre ensuite 24 à 48 heures que la patine ait complètement séché avant d'utiliser le coffre.

14

Avec son décor typiquement tyrolien, ce coffre s'harmonisera bien à l'ameublement d'un chalet de montagne. Ci-dessus : détail d'un des panneaux.

DÉCOUPAGE

Vers le milieu du XVIIe siècle, le découpage du papier était considéré comme une forme d'art si appréciée qu'on l'encourageait et qu'il faisait partie de l'éducation des filles de bonne famille, au même titre que la peinture ou la couture. Il ne s'agissait pas à proprement parler de « découpage » au sens où nous l'entendons aujourd'hui, puisque les vernis de finition que nous appliquons sur les figures collées n'existaient pas encore à cette époque. Mais c'était déjà un bon début.

La mode des chinoiseries suscita ensuite un engouement pour les objets laqués ; les artisans français furent parmi les premiers à fabriquer des objets et décors « à la chinoise », et l'on se mit à publier des livres d'images à découper, coller puis vernir avec de la gomme-laque. Au XVIIIe siècle, le découpage passionna les rois, la noblesse et la bourgeoisie de l'Europe entière, et se diffusa même en Amérique.

Une gravure botanique a été collée sur un mur, puis agrémentée d'un cadre en trompe-l'œil.

Cet art connut un certain déclin avec la commercialisation de dessins déjà en partie découpés puis, à la fin de l'époque victorienne, il tomba totalement en désuétude.

Aujourd'hui, la vaste gamme des vernis disponibles, qui accélèrent considérablement le travail, et l'important matériel illustré auquel on peut se référer ont permis au découpage de connaître un regain de faveur.

Cette technique donne des réalisations d'un bon niveau esthétique. Pour choisir ses sujets, on peut s'inspirer d'innombrables sources : revues, livres, papiers peints... Les images sélectionnées doivent ensuite être agrandies ou réduites à la photocopieuse couleur, pour les adapter aux dimensions de la surface que l'on veut décorer.

Le fond sur lequel on applique les figures doit s'accorder avec le motif et ses couleurs. On obtient d'ailleurs d'excellents résultats en associant le papier découpé à d'autres techniques décoratives, comme le pochoir.

Même s'il s'agit d'un procédé simple, il convient d'éviter certains écueils. Tout d'abord, il faut tenir compte de l'épaisseur du papier : s'il fait plus de 0,2 mm, on aura sans doute un effet de relief ; s'il est plus mince (papier de soie), on risque de rencontrer des problèmes lors du collage.

La réussite du travail dépend également de la manière dont on a découpé les figures, car il est essentiel que leurs contours soient bien nets : on doit utiliser de petits ciseaux à ongles à bout recourbé (qu'on fait tourner en même temps que le papier), et un cutter pour pouvoir aussi détourer les parties les plus difficiles d'accès. Lorsqu'on emploie un cutter, il est conseillé de poser le papier sur une plaque de verre pour ne pas ris-

CONSEIL UTILE

Quand l'image sélectionnée comporte des éléments si fins qu'on risque de les déchirer au découpage (les étamines d'une fleur, par exemple), on a le choix entre deux solutions : laisser une marge autour du détail puis la dissimuler à la peinture, ou couper la partie fragile et peindre le motif correspondant sur la surface à décorer, après collage de la figure.

2

3

4

5

6

Ce pied de lampe en bois n'a plus rien de banal et, loin d'apparaître plaqué, son décor fait désormais partie intégrante de l'objet.

quer d'abîmer le plan de travail.

1 - Un banal objet industriel tel qu'un pied de lampe en bois brut peut être transformé par la technique du découpage en une pièce unique, adaptée à un style d'ameublement particulier.
Commencer par appliquer sur toute la surface (qu'il y ait une peinture de fond d'origine ou qu'on vienne juste de la passer) deux couches de vernis mat à l'eau. Quand le vernis sera sec, le frotter délicatement avec du papier abrasif imperméable n° 600.

2 - Après avoir découpé avec soin le motif choisi, déterminer l'emplacement exact où l'on doit le coller.

3 - Disposer l'image sur l'objet à décorer et, à l'aide d'un crayon, marquer des points de repère pour être sûr de ne pas hésiter lors du collage.

4 - Poser l'image à l'envers sur un film plastique et appliquer dessus du vernis à l'aide d'un pinceau.

5 - Avec délicatesse, en s'aidant d'une pince à épiler si le motif est particulièrement petit, placer l'image sur l'objet à l'endroit voulu, qu'on aura préalablement recouvert d'une couche de vernis pour permettre au papier d'adhérer sans faire de plis. Badigeonner l'image de vernis, en appuyant fortement pour qu'elle colle bien.

6 - Retirer l'excédent de vernis à l'aide d'un chiffon humide et presser l'image découpée avec soin, en s'aidant au besoin d'un petit rouleau ; il faut aller du centre vers l'extérieur. Pour éviter que la figure ne s'abîme pendant cette opération, on peut interposer un linge humide entre l'objet et le rouleau. Il ne faut surtout pas que se forment des plis ou des bulles d'air : pour plus de sécurité, il peut être préférable de couper les figures de grandes dimensions en plusieurs morceaux, qu'on collera un par un.
Ces règles restent valables quand on fait appel au découpage pour enrichir à son gré un décor mural.

ACCADEMIA
DELLE ARTI
DECO

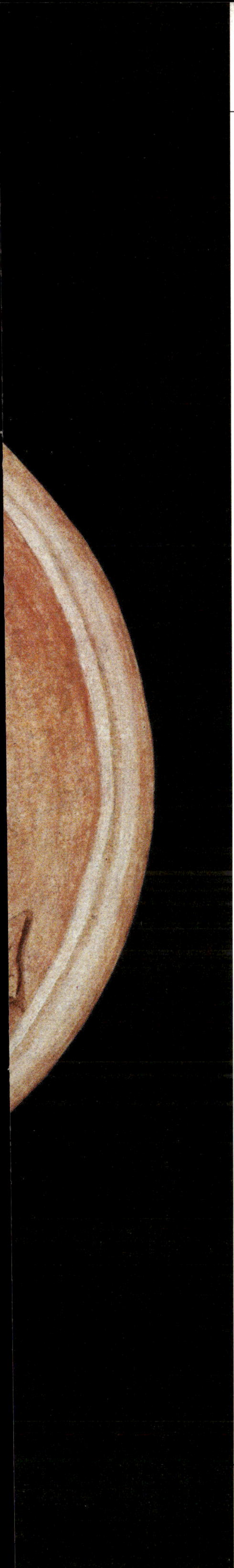

La grisaille

Au XVIIe siècle, la mode du trompe-l'œil conquit la bourgeoisie du nord de l'Europe et cette forme de décoration connut un essor important, ne serait-ce que pour des raisons pratiques. Il était en effet plus facile de peindre une fausse corniche que d'en sculpter une dans du bois, d'autant qu'en Scandinavie, les bois les plus courants sont tendres, et donc difficiles à tourner.

Vers la même époque, une autre technique de décoration particulière s'imposa : la grisaille. On se mit ainsi à remplacer les stucs et les sculptures caractéristiques du style baroque par des peintures qui en reprenaient les formes et les thèmes. La grisaille fut surtout employée pour réaliser des frises dans des pièces d'habitation et pour imiter des lambris, des bas-reliefs et des statues.

La figure féminine ci-dessus, traitée en camaïeu d'ocre suivant la technique de la grisaille, se détache bien sur son fond en faux porphyre. La photo de gauche montre un faux bas-relief représentant trois femmes dans un camaïeu d'ocre rouge.

Dans la grisaille, les motifs sont monochromes, c'est-à-dire qu'on emploie une seule couleur, habituellement le gris (d'où son nom), en jouant juste sur les variations d'intensité lumineuse pour créer une impression de volume. Outre les différentes nuances de gris, on peut ainsi utiliser des camaïeux de brun, de bleu ou de vert.

Pour réaliser une belle grisaille, il faut bien maîtriser les principes du clair-obscur, ce maniement des ombres et des lumières qui permet de donner l'illusion du relief sur une surface plane, comme cela se produit notamment dans les trompe-l'œil. On doit avant tout partir de l'idée qu'un corps frappé par la lumière présente une partie éclairée et une partie à l'ombre (dite ombre propre), et projette à son tour une ombre (dite ombre portée) sur un plan.

Pour pouvoir conférer aisément de la profondeur à un décor, il faut postuler l'existence d'une source lumineuse située de côté et légèrement en haut par rapport à l'objet : un éclairage frontal aurait tendance à aplatir les formes, et un éclairage latéral mais situé au même niveau ferait moins bien ressortir certains éléments. Les rayons solaires étant parallèles entre eux, il vaut toujours mieux imaginer que c'est le soleil qui éclaire plutôt qu'une petite lampe. Ainsi, une fois qu'on aura choisi un angle d'incidence, cet angle sera le même sur tous les points de l'objet.

Ci-contre et ci-dessous : le même motif que celui de la double-page précédente a été cette fois traité en vraie grisaille.
A l'extrême droite : la technique de la grisaille a servi à réaliser ce faux cadre autour d'un trompe-l'œil ; en dessous : détail.

L'emploi de tons différents d'une même couleur a suffi pour créer une illusion de volume sur ce socle.

Quand on veut exécuter un décor donnant l'illusion du relief, il est indispensable de se représenter mentalement l'objet en trois dimensions. Il importe donc de déterminer : les parties éclairées (celles qui reçoivent directement les rayons lumineux), qu'on peindra avec le ton le plus clair ; les parties qui ne sont pas frappées perpendiculairement par la lumière, et qui seront exécutées dans une valeur intermédiaire ; et les parties à l'ombre, qu'on rendra par le ton le plus foncé. Les zones où figure une ombre portée devront être peintes avec une couleur un peu moins foncée que celle des ombres propres.
Pour bien se pénétrer de ces notions, le plus simple est de suivre étape par étape l'exécution d'un travail en grisaille et d'en étudier attentivement les moindres détails. La réussite de ce type d'ornementation présuppose un dessin impeccable du motif d'origine. Si on souhaite décorer un cadre en grisaille, on pourra

A gauche et ci-dessus : quelques motifs typiques de la Renaissance, se prêtant bien à un traitement en grisaille.

Ci-dessus : le relief de ces figures n'est assuré que par l'emploi de différentes valeurs de gris pour les colorer, comme on le voit sur la base de colonne de l'extrême gauche. Ci-contre : ce dessin de vase grec tiré d'un livre a été simplifié (en bas) en vue d'une utilisation dans un décor en grisaille.

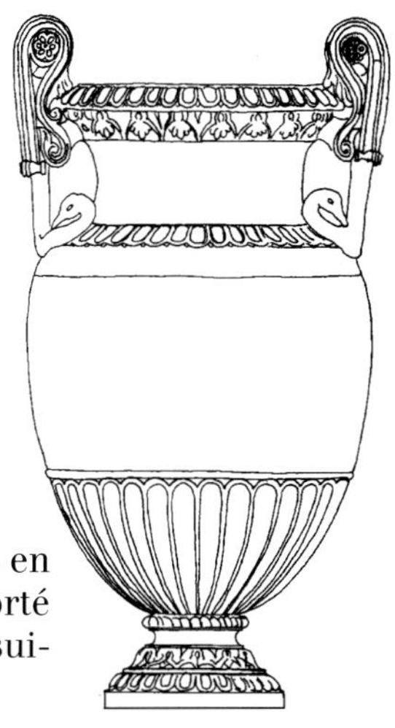

se contenter de recopier le dessin d'une bordure de meuble, ou d'un encadrement de porte ou de fenêtre, puis d'en reporter les lignes principales sur la surface choisie, opération qui ne présente aucune difficulté. Par contre, si on opte pour un décor avec des figures particulièrement compliquées, il est préférable, pour les premières fois surtout, de faire l'acquisition en librairie ou dans un magasin de fournitures pour artistes d'un des nombreux manuels qui proposent des exemples de motifs déjà mis en relief. Il suffira alors, après avoir reporté le dessin, de peindre les ombres en suivant celles du modèle.

A gauche : dessin d'un des motifs choisis pour orner les panneaux du paravent ci-contre.

CE QU'IL FAUT

Couleurs :
1 - blanc, 2 - noir,
3 - ocre, 4 - bleu
Couleur A - blanc, plus noir, plus bleu
Couleur B - blanc, plus noir, plus ocre
Couleur C - blanc plus noir
Couleur D - couleur C plus noir
Matériel :
crayon, gomme, taille-crayon, cutter, ruban de masquage, papier graphite, règle, équerre, brosse en soies de porc, pinceaux pour artistes, pinceaux à retoucher n° 4, n° 6 et n° 8, brosse plate n° 8, éponge

Paravent orné de faux stucs Renaissance

Le fond d'une grisaille doit, dans la mesure du possible, être uni et assez sombre, pour que le motif qui sera peint dans un deuxième temps, après report du dessin et masquage des parties à protéger, puisse bien ressortir.

1 - Commencer par remplir l'intérieur du motif avec une valeur moyenne – un beige très clair, presque un blanc sale (couleur B) ; la peinture doit être assez diluée pour ne pas masquer les lignes du dessin.

2 - Après avoir déterminé l'endroit d'où la lumière est censée venir, prendre un pinceau à retoucher en martre synthétique n° 6 ou n° 8 pour peindre les ombres propres. Mouiller le support à l'aide d'une petite éponge avant de passer la peinture, qui devra être très diluée ; sans attendre qu'elle sèche, l'estomper vers l'extérieur à l'aide d'une petite brosse plate humide, pour ne pas créer de lignes de démarcation trop nettes.

3 - Quand la surface aura séché, prendre le pinceau à retoucher le plus fin pour intensifier la coloration des parties résolument à l'ombre, en partant du gris (couleur C) qui doit être progressivement renforcé par l'ajout d'un peu de noir (couleur D). Toujours mouiller d'abord le fond, et bien tirer la peinture.

4 - Une fois que ces dernières interventions aussi auront séché, rehausser, avec la pointe du pinceau chargée de blanc pur peu dilué, les parties directement éclairées puis, avec la couleur C utilisée pour les ombres et une petite brosse plate, indiquer sur le fond teinté du motif les ombres portées.
Protéger enfin le travail avec deux ou trois couches de vernis mat à l'eau.

Page ci-contre : le paravent terminé avec son décor en faux stuc Renaissance ; à droite : un panneau.

1

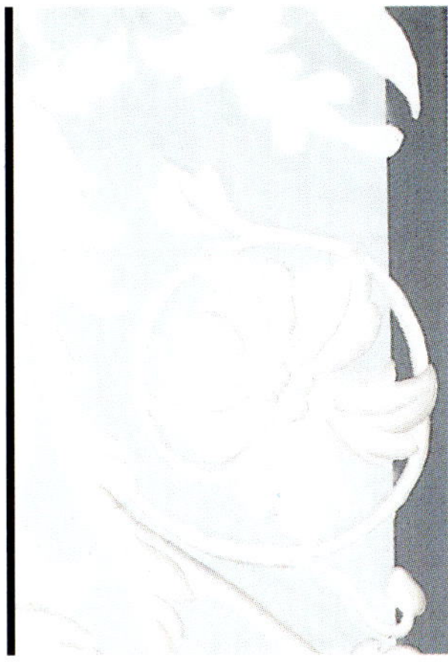

2

4

Au fil des étapes 1, 2, 3 et 4, noter l'épaisseur acquise par les motifs à mesure qu'on précise les ombres.

3

A B C D

LES GROTESQUES

A la Renaissance, vers le milieu du XVe siècle, les artistes rejetèrent l'art médiéval et décidèrent de ne plus s'inspirer que de l'art romain ou de l'art grec (ce dernier n'étant connu qu'à travers des copies romaines). Ce fut d'abord la perspective linéaire qui s'imposa : un ensemble de règles permettant de reporter fidèlement des volumes sur une surface en deux dimensions, telle qu'une toile ou un mur. Par la suite, un style moins sévère fut élaboré, où rigueur géométrique et perspective passaient au second plan par rapport au goût pour l'ornementation et les formes raffinées propres aux cours princières de l'époque.

C'est précisément dans ce contexte que s'inscrivent les grotesques, ensembles capricieux et bizarres de formes végétales fantastiques et de petites figures humaines ou animales peintes sur des murs. Le terme qui sert à désigner ce genre de décoration murale a pour origine les « grottes » de la *Domus Aurea* de Néron, à Rome, sur les murs desquelles on peut encore admirer diverses peintures de ce type. Un bon exemple de grotesques de la Renaissance est en revanche constitué par les décorations qu'exécuta Giovanni da Udine (1487-1564) sur les plafonds et les murs des Loges du Vatican.

Ci-dessus : masque grotesque exécuté sur un fond en faux marbre. Sur la page de gauche : grotesques ornant les murs du boudoir de Marie-Antoinette dans le château de Fontainebleau.

Vers la fin du XVIIe siècle, les canons esthétiques commencèrent à changer et un style plus délicat s'affirma. Les figures étaient peintes comme si elles flottaient en l'air, et toutes les possibilités ornementales du monde naturel – de l'univers végétal notamment – furent explorées. Se répandirent ainsi des formes et des figures qui s'élançaient vers le haut, avec des courbes sinueuses et des allures de flamme.

Cette évolution caractérise le rococo, qui a surtout prospéré sous Louis XV. Ce style, qu'illustrent bien les plafonds du Kensington Palace à Londres peints par William Kent, se distingue par ses interminables arabesques et la préciosité de ses couleurs, tantôt chatoyantes, tantôt délicatement nuancées.

Ci-dessous et ci-contre : motifs de grotesques typiques.

Vers le milieu du XVIIIe siècle, le début des fouilles de Pompéi permit de mettre au jour les édifices de cette ancienne cité romaine, dont les décors muraux furent finalement décrits dans le traité *Specimen of Ancient Decorations from Pompei* édité à Londres en 1825. A la suite de ces découvertes et des publications qui les firent connaître au public, il devint à la mode d'orner l'intérieur des maisons de grotesques inspirés par les peintures murales pompéiennes, usage qui persista pendant tout le XIXe siècle.
Du reste, aujourd'hui encore, les décorateurs ne s'inspirent-ils pas des peintures des siècles précédents pour recréer des atmosphères et des décors anciens ?

Les procédés anciens et les couleurs

Les décors en grotesques se répètent de façon symétrique sur les plafonds ou sur les murs, mais ne tendent à créer aucune illusion de profondeur ou d'espace. Leur effet décoratif repose uniquement sur les rapprochements des couleurs et l'harmonie du dessin.
Au XVIIe siècle, on utilisait surtout des teintes neutres comme le gris, le brun, la terre d'ombre et d'autres terres qui tiraient sur le vert, le rosé ou le rougeâtre. Les bleus vifs, le vert printemps, les jaunes, remontent à la fin du XVIIIe siècle, et c'est seulement plus tard, avec l'apparition des colorants chimiques, que la gamme des couleurs employées s'élargit vraiment.
Jadis, les grotesques étaient exécutés avec la technique de la fresque ou avec celle de la peinture à l'encaustique.
La première consiste à délayer des pigments dans l'eau puis à les appliquer sur un enduit encore frais. Avec ce procédé, certains pigments subissent toutefois des altérations importantes, dues aux réactions chimiques avec le fond humide. De nombreux artistes préférèrent donc combiner cette technique avec celle de la fresque « à sec », qui consiste à peindre sur de l'enduit déjà sec.
Dans la peinture à l'encaustique en revanche, on applique sur un mur sec des couleurs délayées dans de la cire chauffée, ce qui exalte leurs teintes et confère à la surface un éclat remarquable.
Au fil des siècles, diverses méthodes furent mises au point pour parvenir à des résultats plus esthétiques et plus durables. On ajouta ainsi des gras aux pigments, pour neutraliser l'action de la chaux qui était responsable, à la longue, de la dégradation des couleurs et donc de l'œuvre elle-même.
Pour employer la technique de la fresque, il faut posséder, outre un sens artistique développé et une certaine rapidité d'exécution (le décor devant être terminé avant le séchage de l'enduit), des connaissances spécifiques sur la manière d'appliquer la couleur. Il est toutefois possible, même pour un débutant, de réaliser sans complications excessives des imitations efficaces de grotesques : de fait, grâce aux nouveaux matériaux aujourd'hui disponibles et à l'application de diverses techniques de vieillissement utilisées dès le siècle dernier, de nombreux peintres décorateurs continuent à perpétuer la tradition des fresques de style antique pour recréer des ambiances d'époque.

GROTESQUES SUR BOIS

Les grotesques ne doivent pas être considérés uniquement comme des décorations murales. Un dessus-de-porte en MDF ou un simple cadre en bois peuvent parfaitement se prêter à ce type d'ornementation. Dans notre exemple, nous avons utilisé des gouaches au lieu de terres car les petites dimensions du motif l'autorisaient. Par ailleurs, en employant des peintures à l'eau classiques très diluées dans des teintes naturelles comme l'ocre rouge, la terre d'ombre, la terre de Sienne ou

Ci-dessus : grand coffret en bois orné de fausses incrustations de marbre, avec un médaillon représentant un masque grotesque.
Ci-contre : deux étapes de la réalisation d'un dessus-de-porte en grotesques.

l'ocre, il est possible d'obtenir l'effet caractéristique de ce type de décor.

1 - Appliquer deux couches d'impression à l'eau et poncer au papier abrasif n° 240 ; il n'est pas indispensable d'obtenir une surface rigoureusement lisse.

2 - A l'aide de papier graphite, reporter le motif qu'on aura préalablement adapté aux dimensions du cadre.

3 - Pour obtenir un décor plus soigné, entourer le motif de filets peints avec de l'ocre rouge foncé par l'ajout d'une pointe de noir.

4 - Prendre des pinceaux en martre synthétique de taille appropriée pour colorer le dessin avec des teintes pâles très diluées, qu'on repassera deux fois pour créer les ombres et qu'on éclaircira avec du blanc pour indiquer les lumières.
Après séchage, appliquer deux couches de vernis mat à l'eau puis de la patine, en insistant bien dans les coins et sur les moulures du cadre.

CE QU'IL FAUT

Couleurs :
1 - blanc, 2 - ocre rouge, 3 - terre d'ombre, 4 - terre de Sienne, 5 - ocre, 6 - bleu, 7 - noir
Matériel :
papier abrasif, papier graphite, pinceaux à retoucher en martre synthétique n° 4, n° 6 et n° 8

1

2

3

On peut obtenir des décorations très raffinées en encadrant des motifs de grotesques de style classique avec des filets ou des bordures de couleurs contrastées.

4

GROTESQUES SUR MUR

Pour dessiner un grotesque, on peut s'inspirer de livres d'art ou de revues d'ameublement et, si l'on préfère ne pas s'attaquer à la création d'un motif original, il suffira d'agrandir à la photocopieuse un des exemples qu'on aura trouvés dans ces sources, puis de le reporter sur le mur.

Une fois qu'on a choisi son motif, il convient de s'arrêter un moment devant la paroi à décorer pour examiner avec attention tout ce qui l'entoure. En effet, contrairement à la plupart des tableaux, les peintures murales sont directement influencées par leur environnement, dont elles font partie intégrante. Pour obtenir un résultat optimal, il peut donc être nécessaire de simplifier le graphisme ou de modifier légèrement les couleurs, mais ces changements ne peuvent être décidés qu'après avoir bien observé l'ensemble de la pièce.

Les grotesques se composent de panneaux encadrés qui se répètent, sur des murs ou sur des plafonds. Par conséquent, quand on a sélectionné le motif à reproduire, il faut se baser sur les dimensions du cadre qui l'entourera pour adapter ses mesures à la surface à décorer.

On a subdivisé en carrés le motif choisi pour faciliter son report.

CE QU'IL FAUT

Couleurs :
1 - jaune, 2 - rouge, 3 - terre d'ombre, 4 - terre de Sienne naturelle, 5 - bleu, 6 - vert, 7 - terre de Sienne brûlée

Matériel :
cordeau enduit, niveau, ruban de masquage, papier graphite, brosses en soies, pinceaux en martre synthétique n° 8, n° 6 et n° 4, liant acrylique

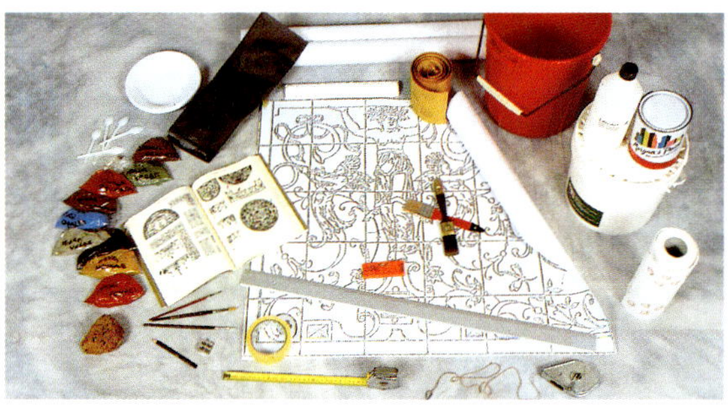

1 - Après avoir fixé la taille des éléments qui encadreront le grotesque, reporter leurs mesures sur le support préalablement traité. Se servir d'un niveau pour vérifier que les lignes de délimitation de chaque cadre sont parfaitement perpendiculaires entre elles. Pour tracer les traits sur le mur, on peut utiliser un crayon gras ou un cordeau à craie.

2 - Appliquer la couleur de base des panneaux. En général, la teinte du fond des frises d'encadrement s'écarte peu de celle sur laquelle sera peinte le grotesque proprement dit, mais, pour harmoniser le décor avec le reste de la pièce, on peut être amené à faire un choix différent.

1

2

L'exécution des fonds se fait par ailleurs en deux temps.
On étale d'abord à la brosse, sur la surface déjà préparée, la couleur choisie (une teinte neutre) après l'avoir diluée avec un peu d'eau pour la rendre assez fluide. Ensuite, avant que la peinture sèche, on effectue des dépouillés délicats à l'éponge.
Dans notre exemple, on a employé un beige (obtenu en ajoutant à de la peinture blanche une pointe de noir, un soupçon de terre d'ombre et un peu d'ocre pour la réchauffer).
Quand la surface est bien sèche, on tamponne dessus à l'éponge une couleur sombre (comme la terre d'ombre) très diluée, afin de conférer au fond une patine d'ancienneté. Il faut passer l'éponge avec délicatesse et de façon irrégulière, en la faisant glisser un peu pour estomper la couleur des chiquetés et la fondre dans celle de la couche précédente, comme s'il s'agissait d'une vraie patine.
Même si on emploie une autre couleur pour peindre le fond du cadre, il faudra aussi chiqueter dessus à l'éponge de la terre d'ombre très diluée.

3

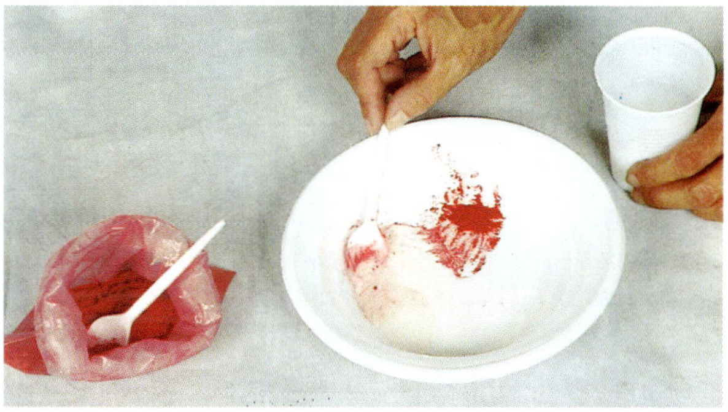

4

CONSEILS UTILES

Quand on prépare ses pigments, il faut veiller à ne pas laisser de grumeaux. Si nécessaire, on peut ajouter un peu d'eau, sans oublier toutefois que cela éclaircira la teinte.
Il est par ailleurs conseillé de faire des essais de couleur sur le fond pour voir si l'effet obtenu est satisfaisant ; on pourra ensuite retirer la peinture à l'éponge humide, avant qu'elle sèche. Pour accroître l'intensité d'une couleur, ajouter une toute petite quantité de pigment ; pour l'atténuer, ajouter un peu de terre d'ombre ; enfin, pour augmenter la transparence, ajouter de l'eau.

3 - Une fois qu'on a terminé le fond, il faut reporter dessus le tracé des grotesques. Cette opération est simple, à condition de prendre quelques précautions. Tout d'abord, avant de poser le papier graphite sur le mur, il faut l'essuyer avec une feuille d'essuie-tout pour ôter tout excédent de graphite qui pourrait salir le travail. Par ailleurs, ne pas oublier de fixer le dessin avec du ruban de masquage pour qu'il ne bouge pas, et veiller à le décalquer avec soin, sans appuyer le bras ni la main sur le papier. Après avoir tracé quelques lignes, vérifier que le dessin est toujours bien en place. Les éventuelles erreurs pourront être effacées en passant sur le mur un bout de chiffon humide.

4 - Après avoir reporté le dessin, on passe à la mise en couleur. Il est préférable d'utiliser des pigments en poudre (les terres) dilués dans une solution à 50 % d'eau et d'un liant acrylique. A l'origine, ces terres étaient toutes d'origine naturelle ; aujourd'hui, beaucoup sont produites par synthèse chimique et les teintes disponibles sont beaucoup plus variées. Les vraies terres permettent toutefois d'obtenir des colorations délicates, semblables à des glacis, qui restituent bien l'effet des grotesques anciens. Dans notre exemple, on a employé des couleurs acryliques pour le fond et des terres délayées dans la solution d'eau et de liant acrylique pour les figures.

5

6

7

CONSEILS UTILES

Toujours choisir un pinceau en martre synthétique d'une taille qui permette la plus grande vitesse d'exécution possible.
Ne jamais travailler avec un pinceau entièrement chargé de peinture, autrement celle-ci risquerait de couler sur le dessin.
Appliquer la couleur avec calme et rapidité : le coup de brosse doit paraître sûr, comme si l'on travaillait vraiment rapidement sur un enduit encore frais. Il ne faut pas s'inquiéter d'éventuelles petites erreurs ou imperfections : le décor n'en sera que plus semblable aux anciens grotesques.

5 - Avant de s'attaquer à la réalisation définitive, mieux vaut faire un essai de couleurs pour contrôler que tout s'harmonise bien. Il est en outre conseillé de réaliser une copie à petite échelle du motif et de la colorer : elle servira de modèle pendant l'exécution.

6 - Une fois qu'on a préparé ses couleurs, on peut commencer à peindre. Toujours garder une éponge et un seau d'eau à portée de la main pour pouvoir effacer d'éventuelles erreurs, sans oublier qu'il faut alors impérativement, avant de reprendre le travail, attendre que la partie effacée ait séché.

7 - Quand on a fini de colorer en aplats toutes les figures, attendre que la peinture sèche totalement puis, sur les parties qu'on désire foncer, repasser un peu de couleur à coups de pinceau décidés. S'écarter de temps à autre du mur pour s'assurer qu'on obtient bien l'effet désiré.

8 - Après avoir terminé la mise en relief, prendre du recul pour vérifier l'ensemble. S'il n'y a pas de retouches à faire, on peut alors passer un vernis protecteur, en procédant de la façon suivante. Essuyer la décoration avec un chiffon humide pour éliminer toute trace de poussière puis, à l'aide d'une brosse neuve ou parfaitement nettoyée, appliquer le vernis (une des émulsions acryliques du commerce) préalablement dilué à l'eau suivant les instructions du fabricant. Quand la première couche est sèche, en passer une deuxième, en tirant bien pour éviter la formation de gouttes et pour garantir une répartition uniforme du produit.
Ensuite, si on souhaite conférer un certain éclat au décor, on peut passer dessus un peu de cire (blanche, solide) et faire briller avec un chiffon doux non pelucheux. Afin d'accélérer l'application de la cire, il est conseillé de la diluer avec un peu de

En comparant les effets de clair-obscur sur les deux photos de droite, on verra mieux comment foncer certaines parties peut faire ressortir le motif.

Pour parfaire ce travail et en souligner encore la composition, on peut aussi peindre une frise décorative autour du cadre du grotesque (en bas, 10).

8

white-spirit et de l'étaler au pinceau.

9 - Pour donner un aspect plus ancien au décor, poncer légèrement quelques endroits au papier abrasif (n° 240-320) avant de passer le vernis : un peu de couleur partira, comme si la peinture avait été usée par le temps. Pour parachever cet effet, teinter la cire avec une pointe de terre d'ombre avant de l'appliquer.

En ce qui concerne l'encadrement, si on est pressé ou si on a peint le grotesque sur un panneau en bois ou une toile pour pouvoir éventuellement le changer de place, il faudra, après l'avoir accroché au mur, compléter le décor par un cadre en stuc peint en faux marbre.

9

10

LE TROMPE-L'ŒIL

Le trompe-l'œil est, comme son nom l'indique, un décor peint exécuté de manière à tromper l'observateur en lui donnant l'illusion, fût-ce pendant quelques secondes, qu'il se trouve devant une vue ou un objet réel et non devant sa reproduction en deux dimensions.

On peut imiter un simple revêtement de mur en marbre ou en bois, ou carrément une fausse fenêtre donnant sur un paysage. Dans cette technique, il est essentiel de créer une sensation de volume, autrement le motif finit par être, non plus une illusion visuelle, mais une simple peinture sur une surface plane. Pour obtenir cette impression de volume, il faut recourir à une construction perspective exacte de l'image et savoir manier les ombres et les lumières.

Page ci-contre : vue de la piazza di Pietra à Rome. Ci-dessus : fenêtre en trompe-l'œil agrémentée de livres et d'une plante en pot.

Les premiers exemples de trompe-l'œil remontent aux anciens Grecs et Romains. A Pompéi, on peut ainsi admirer des trompe-l'œil de colonnades et de parcs au-delà desquels un paysage était dessiné. Ces décors servaient à donner l'impression qu'existait une source de lumière dans des pièces en réalité dépourvues de fenêtres. Certaines de ces peintures comportent des couleurs très délicates, qui créent l'illusion qu'on aperçoit au loin des jardins aux contours mal définis, où l'on peut pénétrer avec son imagination.

Les trompe-l'œil de la Rome antique furent copiés, en Italie surtout, au cours du Moyen Age, mais c'est à la Renaissance que cette technique se diffusa le plus. Avec la codification des règles de la perspective, il devint possible de représenter avec une fidélité extrême des constructions architecturales ou des enfilades de colonnes qu'il était auparavant impossible de peindre de façon réaliste. Pendant la Renaissance, des artistes – parfois célèbres – furent appelés à décorer ainsi des palais et des châteaux, et le style de ce type de peinture resta longtemps influencé par le goût des décorateurs italiens.

Ce n'est qu'au XVIIe siècle, avec l'essor et la propagation dans toute l'Europe de la culture française et du baroque avec elle, que des motifs propres à ce dernier style commencèrent à figurer dans les trompe-l'œil aussi.

Cette porte camouflée en bibliothèque se confond parfaitement avec le mur. A gauche : l'ébauche initiale ; à droite : le trompe-l'œil terminé. En bas : fausse fenêtre avec vue sur un parc.

L'apogée de la diffusion de ce mode de décoration se situe toutefois au XVIIIe siècle. Présent le long des escaliers, sous les porches, sur les plafonds des bâtiments publics et des résidences de la haute bourgeoisie, le trompe-l'œil devint alors le pivot de la décoration d'intérieur, et le goût pour les paysages néoclassiques parsemés de colonnes et de ruines resurgit. A dater de cette époque, cette technique se répandit de plus en plus, jusqu'à constituer de nos jours une forme de décoration courante. Quand on réalise un trompe-l'œil, il faut adapter le motif aux impératifs de la surface et du lieu qu'on veut décorer car, plus que de la technique d'exécution, l'effet d'un trompe-l'œil – mural surtout – dépend de son intégration dans le

Cette terrasse romaine donnant sur les toits de la ville est devenue un lieu où il fait bon vivre ; la porte du débarras a été dissimulée par un trompe-l'œil qui s'inspire des anciens décors en faïence de l'immeuble.
Ci-dessous : cette arcade semble s'ouvrir sur un décor champêtre.

Reportée sur une toile, cette fresque tirée d'un livre d'art a pris un petit air de tableau de maître.

cadre environnant. A la différence d'un tableau, il est créé pour un mur bien précis et doit donc s'insérer plaisamment dans le décor préexistant.

Projet et choix du support

Réaliser un trompe-l'œil suppose de consacrer beaucoup plus de temps au projet que pour la plupart des autres types de décorations.
Ce genre de peinture peut s'exécuter sur un mur, sur une toile ou sur du bois. Quel que soit le support, il devra être soigneusement apprêté suivant les indications fournies dans le chapitre sur la préparation des fonds. Il va sans dire que l'emplacement et la taille du trompe-l'œil qu'on a prévu d'exécuter seront déterminants dans le choix de ce support. Ainsi, la préparation d'un mur en mauvais état ou laqué réclame en général trop de temps et d'efforts ; dans un cas pareil, si le motif n'est pas très grand, mieux vaut le peindre sur un panneau en bois, voire sur une toile qu'on accrochera au mur. Cette option laisse en outre toute latitude pour modifier par la suite l'emplacement du trompe-l'œil.
Nous avons déjà traité de la préparation des murs et de la toile. En ce qui concerne le bois, ajoutons que, dans la mesure où l'on utilisera des peintures et des vernis à l'eau, l'idéal est d'employer du contreplaqué marin, ainsi appelé parce qu'il sert pour les revêtements intérieurs des bateaux. Avec ce type de

A gauche : les murs de ce bureau ont été ornés de lambris en imitation lumachelle.
Ci-dessous : un paysage campagnard encadré par les arceaux d'une tonnelle a considérablement agrandi cette salle de bains.

bois, il est possible de travailler sur des panneaux de 4,5 mm d'épaisseur sans risque qu'ils gondolent. Le MDF constitue aussi, le plus souvent, un matériau adapté. Pour le préparer, on peut se contenter de deux ou trois couches d'impression à l'eau (toujours appliquer la première couche sur les deux faces du panneau) et d'un léger ponçage au papier abrasif n° 180 ou 220.
Si l'on veut réaliser un trompe-l'œil destiné à l'extérieur – terrasse ou porche –, il est indispensable d'utiliser du contreplaqué marin, en veillant à passer les deux couches d'impression sur chacune des faces du panneau (les sous-couches spécifiques pour peintures acryliques sont aussi imperméabilisantes), sans oublier la tranche. Pour travailler directement sur un mur extérieur, en revanche, il convient de s'assurer que celui-ci n'est pas sujet à des infiltrations d'eau avant de le traiter avec une couche d'impression pour peintures acryliques.

Choix du sujet

Le choix du sujet dépend avant tout de l'importance de la surface dont on dispose, puis de ce qui l'entoure et, enfin, de l'endroit d'où l'on observera le décor. Ainsi, il ne sert à rien de peindre une fenêtre si l'on n'a pas la place de la représenter en vraie grandeur car, contrairement aux tableaux, les trompe-l'œil

doivent comporter des premiers plans de dimensions réelles ; autrement, il est impossible de tromper l'observateur.
Les trompe-l'œil de faibles dimensions peuvent représenter de petites étagères ou des niches contenant des bibelots. Cependant, les surfaces qui se prêtent le mieux à l'exécution d'un trompe-l'œil sont plutôt grandes, et surtout dépourvues de radiateurs, de prises électriques et d'interrupteurs, même si l'on peut toujours trouver un moyen d'intégrer ou de dissimuler ceux-ci dans le décor (un traitement en faux marbre, par exemple, homogénéisera l'ensemble et rendra moins visibles les irrégularités qu'on souhaite masquer).
Il faut aussi prendre en compte le type de pièce où le trompe-l'œil viendra s'insérer : on choisira des sujets différents suivant qu'il s'agit d'un bureau, d'un

Dans un appartement moderne, une porte surréaliste qui s'ouvre sur une mer de rêve.

salon, d'une chambre à coucher ou d'un étroit couloir. Les caractéristiques architecturales du lieu jouent également un rôle déterminant dans le choix du motif, tout comme le style et les couleurs dominantes de l'ameublement.

Dans une salle pourvue de nombreuses fenêtres, il est superflu de peindre une vue extérieure, qui ne soutiendrait de toute façon pas la comparaison avec les paysages réels. Par ailleurs, si l'on a prévu d'intégrer au trompe-l'œil des rideaux ou des objets, il est préférable qu'ils soient dans le même style que ceux qui figurent déjà dans la pièce. Pour dissimuler une porte, le plus simple est de peindre une fausse bibliothèque ; on peut aussi créer un pendant à des étagères ou à une niche préexistantes.

Le point d'observation du trompe-l'œil est enfin d'une importance capitale. Un mur vaste, mais qui peut être regardé de près, devra comporter d'excellents premiers plans et un fond vaporeux, pour créer une illusion d'espace. Pour un trompe-l'œil qu'on verra d'une certaine distance en revanche, on peut se contenter de détails moins précis car c'est la vision d'ensemble qui primera.

Après avoir choisi et préparé son support, et avant de passer à la phase de réalisation du projet, on devrait toujours s'arrêter un moment devant la surface blanche pour rassembler ses idées et griffonner quelques esquisses.

Il ne faut pas hésiter à utiliser son imagination, car un trompe-l'œil ne doit pas obligatoirement représenter des choses réelles. Dans une maison moderne, un paysage imaginaire peut très bien servir à créer sur un mur une ouverture vers un espace de rêve.

Faux marbre : division en plaques et masquage

Le faux marbre est l'un des trompe-l'œil les plus simples à réaliser car il dispense de l'application des règles de la perspective. Il peut recouvrir des murs entiers, ou bien servir à figurer certains éléments architecturaux tels que colonnes ou appuis de fenêtres. Pour les murs, il est préférable d'employer des marbres de couleurs pâles, comme le jaune de Sienne ou la lumachelle, afin de ne pas trop alourdir l'atmosphère. Comme on l'a vu dans le chapitre sur les faux marbres, les variétés présentes dans la nature sont innombrables : lorsqu'on imite un marbre sur un mur, il est donc essentiel de bien reproduire ses caractéristiques particulières, et notamment sa tonalité générale et l'allure de ses veines.

Pour imiter le marbre sur de grandes surfaces comme les murs d'une pièce, mieux vaut choisir des variétés veinées et assez pâles. En haut : un mur revêtu de fausses dalles de jaune de Sienne ; ci-contre : un décor en imitation lumachelle.

Pour décorer en faux marbre une surface très étendue, on doit d'abord la subdiviser en plaques ou dalles. Afin d'obtenir une décoration aussi réaliste que possible, on attribuera à ces plaques des dimensions équivalentes à celles des vraies (environ 60 x 80 cm). En effet, des dalles trop importantes, qu'il serait impossible de tailler et de transporter, auraient tout de suite l'air fausses et compromettraient donc le résultat final. Les mêmes considérations valent pour la mise en couleur : si l'on emploie des teintes trop éloignées de celles du marbre qu'on veut reproduire, la décoration sera peu crédible.
Avant de dessiner les

dalles, il faut prendre les mesures de la paroi à décorer. A l'aide d'une calculette, diviser la longueur puis la largeur du mur par les dimensions standard d'une vraie plaque de marbre. Si l'on obtient un chiffre à virgule, répartir les centimètres en trop entre les différentes dalles ou voir si, en modifiant un peu les mesures standard, on peut obtenir un chiffre rond, en sachant qu'il vaut toujours mieux réduire la dimension des plaques par rapport à la taille standard que l'augmenter.
Une fois qu'on a établi la hauteur des dalles, c'est-à-dire l'emplacement de leur bord supérieur, tracer, en s'aidant d'un niveau, une ligne continue parfaitement parallèle au sol, puis inscrire dessus les points indiquant la largeur des plaques.
Il reste maintenant à inscrire les points correspondants sur le bord inférieur. Pour s'assurer que les points de la ligne supérieure et ceux de la ligne inférieure sont alignés bien perpendiculairement, utiliser un fil à plomb. Pour tracer sur le mur les

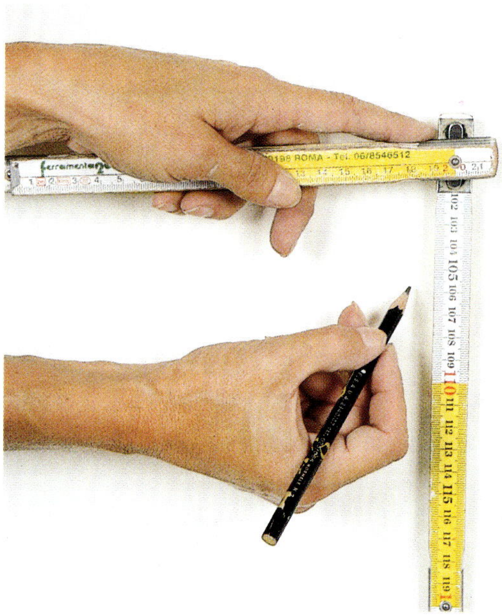

A gauche : on prend les mesures du mur, puis on calcule (ci-dessus) la dimension de chaque dalle. En bas : il faut s'aider d'un niveau pour tracer une ligne bien parallèle au sol ; en partant de celle-ci, on tracera ensuite les lignes qui délimiteront la largeur des plaques (ci-contre).

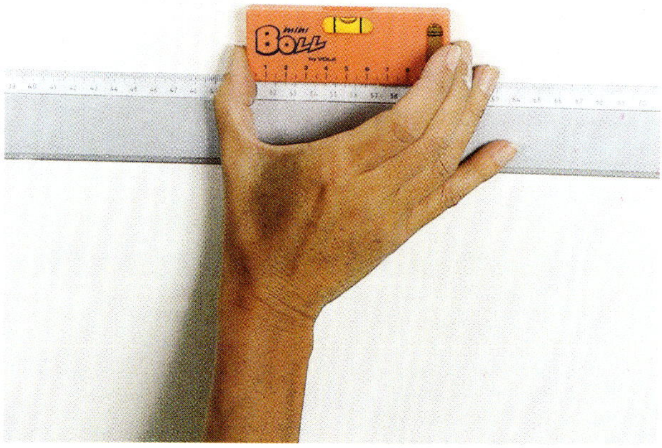

verticales qui relient les différents points, employer une règle et un crayon ou, mieux encore, un cordeau enduit : il s'agit d'un fil enroulé dans une boîte remplie de craie ou de poudre légèrement colorée ; quand on le pince entre les doigts après l'avoir tendu entre les deux points à relier, il laisse sur la paroi une faible trace de couleur.
On passe ensuite au masquage. Il convient d'effectuer cette opération avec un soin particulier : le ruban doit suivre très exactement les lignes tracées au cordeau et bien adhérer au mur, pour éviter les infiltrations de peinture.
Pour aller plus vite, on

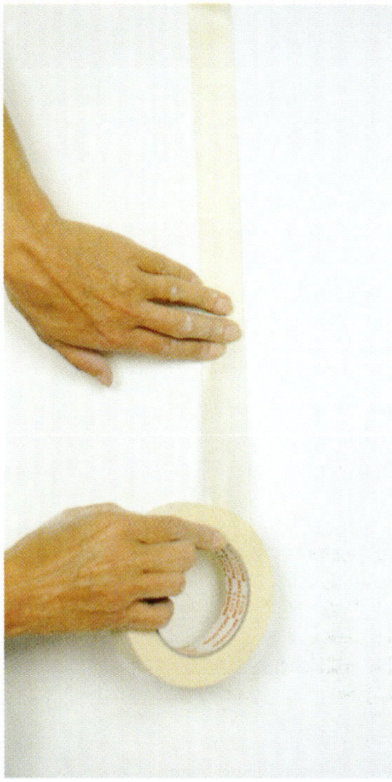

peut masquer une dalle sur deux, mais il faut se méfier quand on place le ruban car on a tôt fait de se tromper. Le mieux est d'indiquer à l'avance, par un signe au crayon, la ou les dalles qu'on a prévu de peindre en premier. En effet, le masquage une fois terminé, on se retrouvera avec une série de bandes verticales de ruban adhésif, toutes identiques, et il ne sera plus forcément évident de distinguer les plaques préparées des autres.

Lorsqu'on a fini de peindre la première série de dalles, on retire le ruban de masquage et on met du ruban neuf sur les parties terminées du décor, de manière à dégager celles qui restent à peindre. Ne pas oublier de décharger un peu le ruban avant usage, en le pressant contre une surface propre.

Ci-dessus, de gauche à droite : le travail de masquage, depuis le tracé (fait au cordeau enduit) des lignes verticales qui délimitent les dalles de la future décoration jusqu'à l'application du ruban.

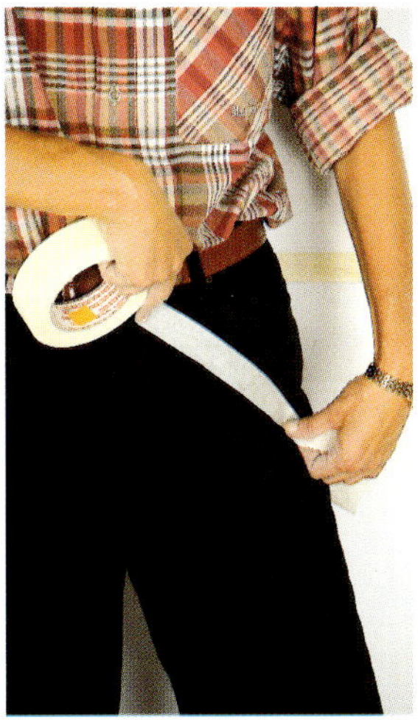

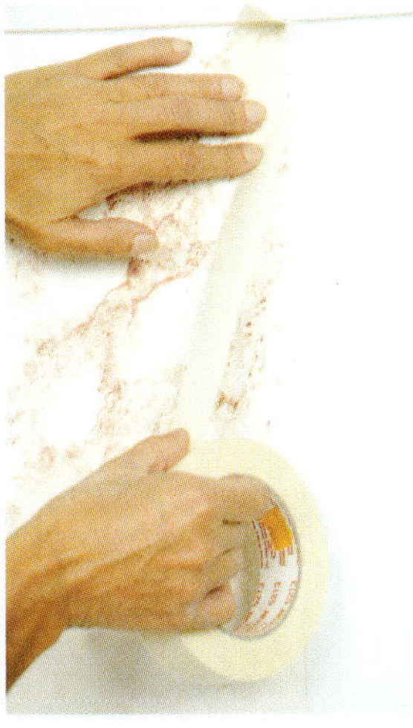

Ci-contre : masquage de protection des bords de chaque plaque. Le ruban doit tout d'abord être débarrassé de son excédent d'adhésif sur un chiffon propre ou, tout simplement, sur un pantalon.

1

2

Habillage en jaune de Sienne

Pour décorer ce couloir de bureau, on a choisi un élégant revêtement en faux marbre jaune de Sienne, toujours du plus bel effet.

> **CE QU'IL FAUT**
>
> *Couleurs :*
> 1 - blanc, 2 - ocre,
> 3 - noir
> Couleur A - blanc plus ocre
> Couleur B - blanc plus noir, avec un peu d'ocre pour réchauffer
>
> *Matériel :*
> cordeau enduit, calculette, ruban de masquage, mètre, crayon, gomme, éponge, pinceaux en martre synthétique n° 4 et n° 8, brosses en soies n° 40 et n° 50

1 - Après avoir dessiné les fausses dalles sur le mur et masqué leurs bords, appliquer les couleurs de base, non sans avoir préalablement mouillé la surface à l'éponge. En utilisant une brosse par couleur (celles-ci doivent être préparées dans des assiettes différentes), essayer de créer plusieurs zones de chaque couleur qui s'interpénètrent. Dans la nature, le jaune de Sienne peut revêtir de multiples nuances, il n'est donc pas nécessaire de respecter des proportions très précises pour l'obtention des couleurs A et B : il suffira d'ajouter du blanc si l'on désire une tonalité plus claire, ou d'employer davantage d'ocre ou de noir dans le cas contraire. L'essentiel est que ces couleurs ne soient pas trop diluées, afin d'éviter les coulures. Il faut

3

1 2 3 A B

4

5

appliquer la peinture calmement, en tirant bien pour empêcher la formation de gouttes. S'efforcer d'alterner le plus possible les couleurs, en les dégradant sur les bords de chaque zone pour ne pas créer de lignes de démarcation trop nettes.
Veiller enfin à ce que la coloration n'apparaisse jamais complètement uniforme.

2 - Une fois qu'on a peint le fond de toutes les dalles, s'assurer qu'elles sont bien sèches, puis ôter le ruban de masquage et passer à l'exécution des veines. Avant de commencer, il est préférable de regrouper tout le matériel nécessaire, et notamment les différentes peintures (blanche, ocre et couleur B) pour les avoir toujours à portée de la main.

3 - A l'aide d'un pinceau en martre synthétique (sa taille conditionnera celle des veines), appliquer l'ocre. Prendre une petite quantité de peinture à la fois et la diluer légèrement : elle doit être assez liquide pour glisser sur le fond. Toujours mouiller d'abord la surface. Comme les veines sèchent très vite, il est conseillé, pour ne pas perdre de temps, de terminer chaque dalle avant de passer à la suivante.

4 - Continuer avec le blanc et la couleur B sans oublier que, dans le jaune de Sienne, les veines peuvent se croiser et se séparer en s'élargissant ou en s'amincissant, mais forment des faisceaux qui vont toujours dans le même sens, parfois interrompus par quelque veine isolée. Les possibilités sont infinies, l'essentiel étant que le veinage de chaque dalle soit différent. Si on utilise un seul pinceau, il faut le nettoyer soigneusement quand on change de teinte, car les veines doivent être d'une couleur bien tranchée.

5 - Pour bien souligner la limite entre deux plaques et donner ainsi l'impression qu'elles ont réellement été taillées dans du marbre, tronquer brusquement quelques veines au niveau des lignes de séparation des dalles.
Quand on a fini de peindre les veines, appliquer, si le résultat est satisfaisant, deux couches de vernis à l'eau mat ou brillant. Enfin, étaler de la cire au pinceau sur le vernis sec, après l'avoir ramollie en la réchauffant légèrement ou en y ajoutant une demi-cuillerée à café de white-spirit.

Pour que l'illusion soit complète, les veines du décor sont tronquées au niveau de la limite des différentes plaques.

En haut : deux types de structures en faux bois encadrant des objets et des paysages.
Ci-contre : un cadre en faux marbre dont les moulures ont été rendues par des effets de clair-obscur.

Restitution des volumes : exécution de la maquette et règles de perspective linéaire

Pour réaliser des trompe-l'œil où l'on ne se borne pas à reproduire l'aspect d'un matériau particulier (marbre ou bois) mais où l'on représente aussi le relief d'un objet, il est nécessaire d'appliquer la technique du clair-obscur déjà décrite à propos de la grisaille.

Pour un cadre en faux marbre par exemple, on choisit un type de moulure puis, après en avoir reporté le dessin à main levée ou au papier graphite, on exécute avec un gris très dilué des glacis superposés pour créer les ombres ; on indique ensuite les lumières par des touches de blanc plus dense.

On adopte la même méthode pour rendre des effets de moulure ou de sculpture sur du faux bois.

Pour représenter un espace à trois dimensions, en revanche, il faut préparer un vrai projet sur lequel on appliquera les règles de la perspective.

Proportions des éléments d'une colonne et exemples d'arcs de divers styles.

Après avoir choisi son sujet et ses modèles ou sources d'inspiration (photographies de paysage, objets, plantes, animaux, cadres ou éléments d'architecture tels qu'arcs et colonnes), on détermine donc la position de l'observateur et on dessine sur papier millimétré une maquette, qui n'est autre qu'une représentation à échelle réduite du décor qu'on peindra sur le mur.

1 - On commence par choisir l'échelle, c'est-à-dire qu'on décide combien de centimètres du papier millimétré représenteront un mètre de mur. Si 1 cm sur le papier correspond à 10 cm de mur par exemple, on dit que l'échelle est de 1:10.

2 - On reporte ensuite sur le papier, à l'échelle choisie, les dimensions

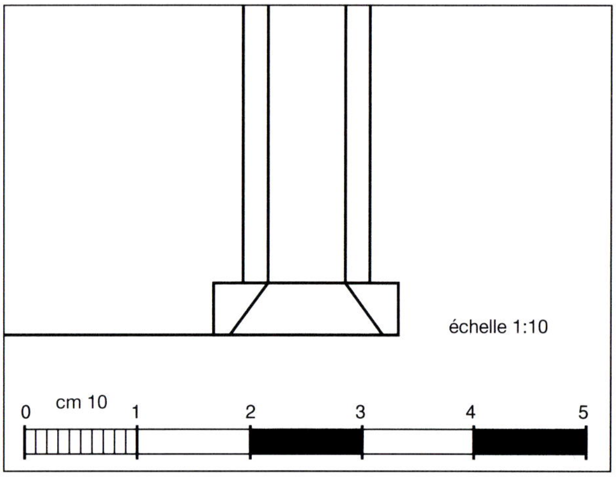

1

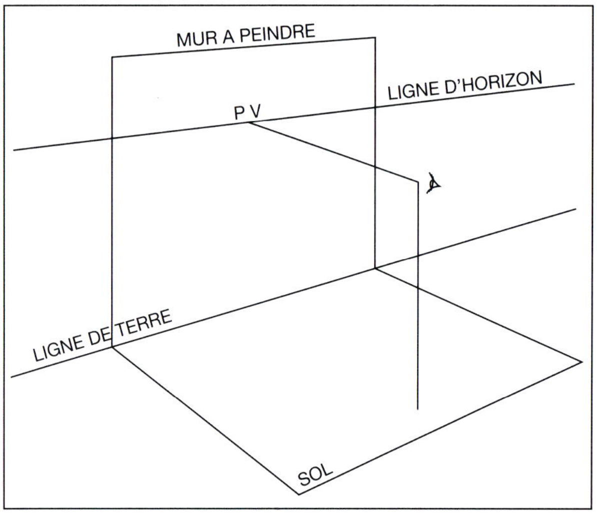

2

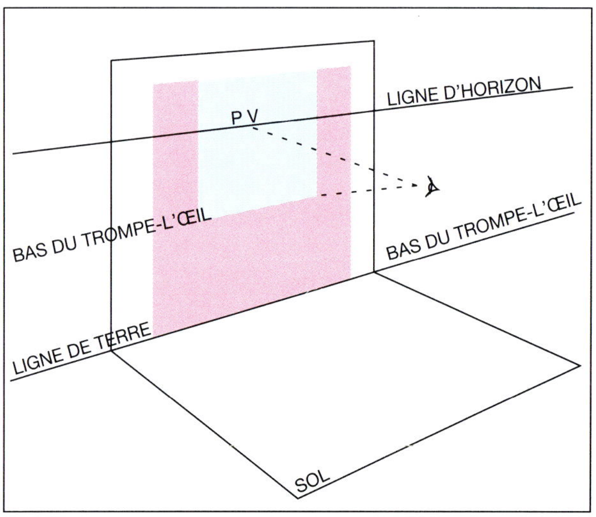

3

et la forme de la surface à décorer, puis on trace la « ligne de terre » qui, si la partie à peindre couvre la totalité du mur ou arrive jusqu'au sol, coïncidera avec la base de la surface qu'on vient de dessiner.

3 et 3a - Dans le cas d'une fenêtre en trompe-l'œil située à 1 m du sol, le bord inférieur devra être dessiné à 10 cm de la base de la surface (ligne de terre). Une fois qu'on a indiqué la ligne de terre, on dessine la « ligne d'horizon », qui est à la même distance du sol que les yeux d'un hypothétique observateur : en règle générale, on postule que ceux-ci se trouvent à environ 155 cm de la ligne de terre (soit 15,5 cm à l'échelle 1:10). Quand on doit modifier cette

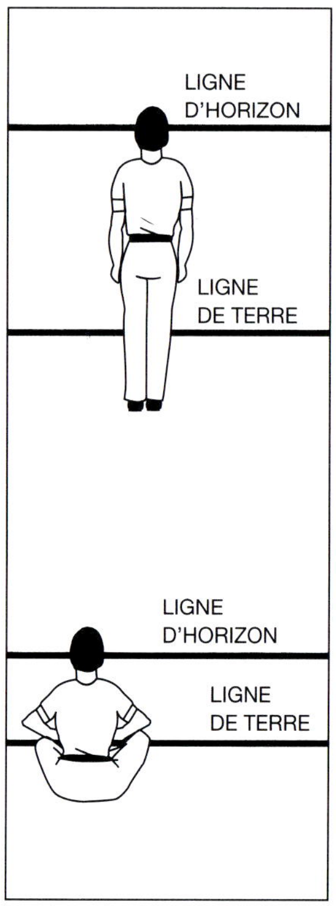

3a

valeur (pour un trompe-l'œil qu'on ne verra qu'assis, par exemple), la distance entre la ligne d'horizon et la ligne de terre change aussi.
Sur la ligne d'horizon, on indique ensuite le point de vue (PV), c'est-à-dire le point qu'on obtient en reliant les yeux de l'observateur à la ligne d'horizon par une ligne imaginaire, droite et perpendiculaire. Sur la feuille de papier, le point de vue sera donc au milieu si l'on suppose que l'observateur va se placer face au centre de la surface à décorer, et décalé vers la droite ou vers la gauche si l'on imagine l'observateur lui-même décalé vers la droite ou la gauche par rapport au centre de la surface à décorer.
L'assimilation de ces données est essentielle pour appliquer correctement les règles de la perspective linéaire. En effet, pour représenter un espace à trois dimensions sur une surface plane (qui n'a que deux dimensions), il faut utiliser, outre le jeu des ombres et des lumières (voir le chapitre sur la grisaille), les règles de la perspective.

4 - Imaginons deux rails : si l'on se place au milieu, on a beau savoir qu'ils sont parallèles, on les verra se rapprocher dans le lointain.

4a et 4b - Imaginons deux rangées d'arbres de même hauteur ou bien une colonnade : le dernier arbre ou la dernière colonne, c'est-à-dire ceux qui sont le

4

4a

En haut : rails convergeant vers le point de fuite et variations de la hauteur des troncs d'une rangée d'arbres.
Ci-dessous : les colonnes d'une petite balustrade parallèle à l'horizon apparaissent toutes de la même hauteur.

plus loin de nous, nous sembleront plus bas que ceux qui sont plus proches. Notre esprit construit donc une image qui déforme, en quelque sorte, la réalité : les rails sont parallèles et les colonnes toutes identiques.

Cette distorsion ne se produit que si nous observons la colonnade ou les rails en fuite, c'est-à-dire en train de s'éloigner de nous. En effet, si on observe une colonnade de face ou si on regarde des rails d'en haut, les colonnes apparaissent toutes de la même hauteur et les rails parallèles.

Dans le premier cas, les rails et la ligne imaginaire qui relie le haut des colonnes sont appelées lignes fuyantes ou « de perspective », c'est-à-dire lignes de profondeur, car elles ont tendance à se diriger vers l'horizon et semblent visuellement s'en rapprocher. Dans le second cas, les rails et la ligne qui relie les sommets des colonnes restent parallèles à la ligne d'horizon, et ne subissent pas d'altération visuelle.

5 - Pour représenter ces distorsions sur une feuille de papier, il suffit de respecter quelques règles simples : celles, précisément, de la perspective linéaire.

- Les droites horizontales non parallèles à l'horizon ont tendance à converger vers le point de vue.
- Les droites horizontales parallèles à l'horizon le restent.

4b

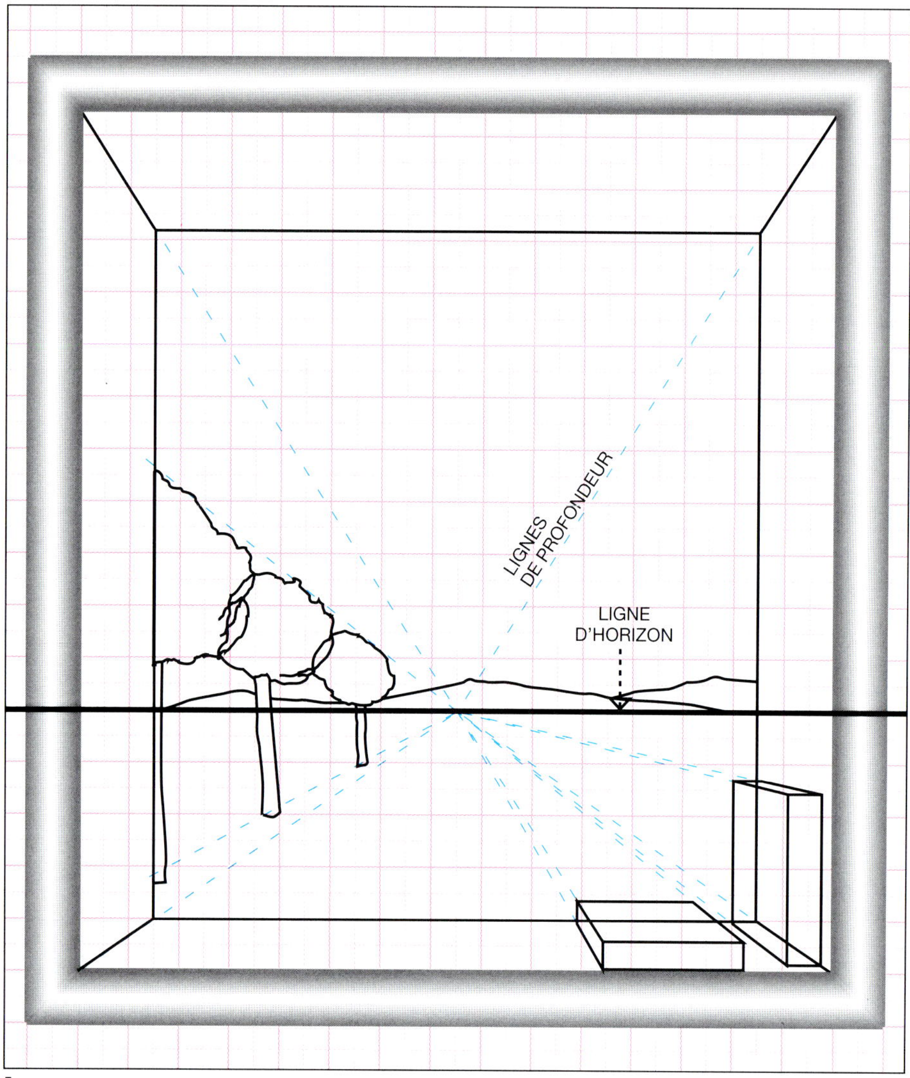

5

Les lignes bleues en pointillé sont des lignes de perspective ; les lignes verticales et horizontales des livres qui sont parallèles ou perpendiculaires à la ligne d'horizon ne constituent pas des lignes de perspective et ne subissent donc pas de modifications.

- Les droites verticales par rapport à l'horizon le restent.

Sur la figure, on note que les lignes correspondant à la profondeur du rebord de fenêtre, à la rangée d'arbres et au livre debout, étant droites mais non parallèles à l'horizon, sont des lignes de perspective, et qu'on devra les dessiner comme autant de lignes qui convergent vers le point de vue ; celles de l'encadrement de la fenêtre et du dos des livres, en revanche, étant parallèles ou perpendiculaires à la ligne d'horizon, ne subissent aucune modification.
Ces règles de base permettent de représenter des objets et des bâtiments vus de face ; l'exécution de dessins plus complexes nécessite l'emploi de procédés plus élaborés.

6 - Il convient de préciser que les lois de la perspective s'appli-

6

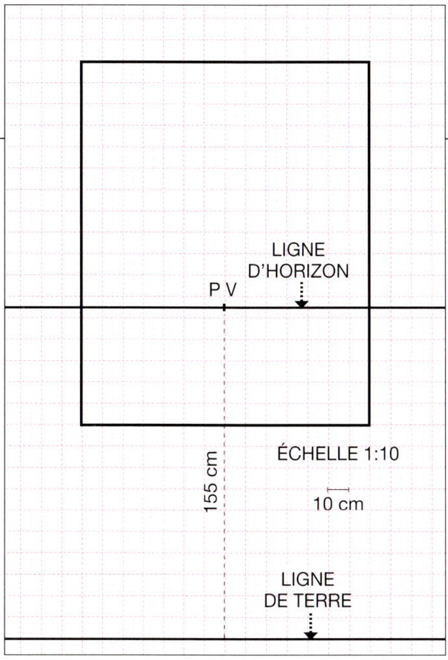

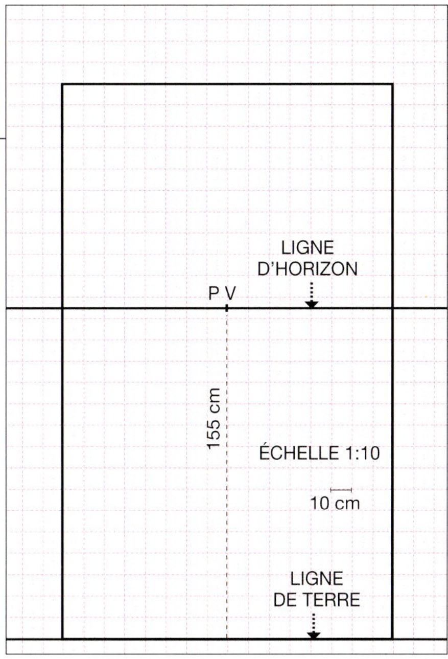

Exemples de reproduction sur papier millimétré de surfaces à décorer en trompe-l'œil.

7

quent exclusivement à des formes qu'on peut ramener à des figures géométriques (cubes, parallélépipèdes, etc.). Les montagnes, les arbres et les fleurs ne réclament pas de règles aussi rigides.

7 - Pour donner une impression de profondeur dans un paysage, il suffit de jouer sur les nuances des couleurs et sur une définition plus ou moins précise des détails. Les collines, les plantes, les fleurs, sembleront d'autant plus éloignées qu'elles seront petites et présenteront des couleurs claires, avec des contours flous. Il faut donc s'efforcer de définir avec netteté les images du premier plan, et d'estomper les fonds.

8 - Pour cela, outre la maquette sur papier millimétré, il importe d'exécuter une étude en couleur, qui permettra de mieux évaluer le résultat final. Le plus simple est d'agrandir à la photocopieuse le tracé sur papier millimétré, puis de colorer cette photocopie avec les teintes que l'on envisage d'employer.
Une fois qu'on a préparé ce modèle en couleur et la surface à décorer, il ne reste plus

8

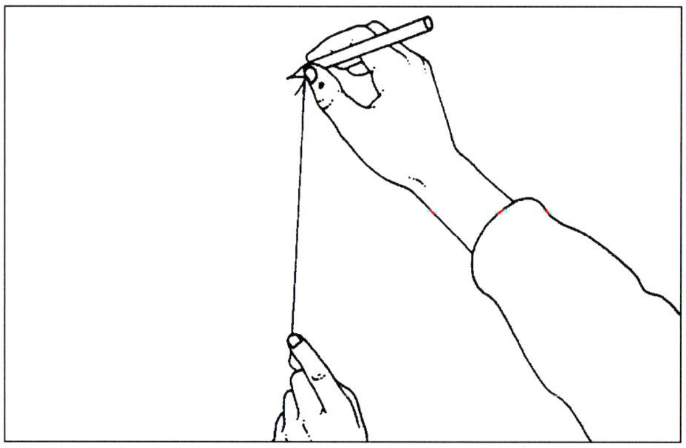

9

10

qu'à passer à la phase d'exécution du trompe-l'œil proprement dit.

9 - Il existe plusieurs méthodes pour reporter un dessin sur un mur. Suivant les cas, on peut en choisir une ou les combiner.

Commencer par indiquer le point de vue sur le mur puis, à l'aide d'un crayon sec et d'une règle, reporter les principaux points du trompe-l'œil, ceux qui définissent son ossature : la taille du cadre qui l'entoure, la profondeur d'une étagère ou d'un rebord de fenêtre, la hauteur d'un mur, et ainsi de suite.

Après avoir marqué ces points, tracer au cordeau enduit les lignes qui les relient. Pour former des arcs de cercle, on peut utiliser en guise de compas un bout de ficelle attaché à un crayon. Demander l'aide d'une autre personne pour maintenir l'extrémité de la ficelle au centre de la circonférence dont on doit tracer une portion puis, en tendant bien le fil et en le faisant tourner autour du centre, tracer l'arc avec le crayon. Reprendre ensuite, si nécessaire, le dessin à main levée.

En s'aidant toujours de la maquette sur papier millimétré, continuer à reporter chacun des éléments du dessin, en vérifiant périodiquement que les lignes de perspective convergent bien vers le point de vue ; en effet, il arrive fréquemment qu'on se trompe dans la transposition des mesures. Pour les trompe-l'œil de grandes dimensions, on peut employer une ficelle au lieu d'une règle pour effectuer cette vérification.

10 - Le dessin peut également être reporté sur le mur avec le système de la mise au carreau, qui consiste à diviser la maquette en carrés qu'on reporte sur le mur à la bonne échelle ; on fractionne ainsi le motif en sections plus petites, plus faciles à dessiner.

Quand on a fini de reporter la structure du trompe-l'œil, on passe aux détails et aux éléments décoratifs. Avant de les dessiner, il faut bien regarder la maquette en couleur pour établir ce qui doit être reporté en premier et ce qui peut attendre : ainsi, un arbre dans le lointain pourra parfaitement être dessiné après qu'on ait peint le ciel ; les moulures d'un objet en marbre pourront être indiquées après l'exécution du veinage ; des incrustations ou des motifs sombres peints sur un objet pourront être ajoutés une fois que la couleur du fond aura été appliquée.

11 - Il faut en revanche dessiner dès le départ les éléments qui seront peints dans des couleurs très claires ou en contraste avec celle du fond : livres sur des étagères en bois, coquillages sur un appui de fenêtre en pierre de Florence, etc.

Les frises, les vases, les bibelots en porcelaine, peuvent être reportés sur la surface à peindre à l'aide de papier graphite. De même, un élément qui se répète plusieurs fois, comme les colonnettes d'une

CE QU'IL FAUT

Matériel :
crayon sec, taille-crayon, gomme, règle, équerre, cordeau enduit, papier graphite, papier-calque, fil, rétroprojecteur, roulette à poncif, ponce

11

balustrade, peut être décalqué et reporté en plusieurs exemplaires avec du papier graphite.

12 - Autrefois, pour reporter un dessin qu'on devait répéter fréquemment, on utilisait la technique du poncif, qu'emploient encore de nombreux décorateurs. On dessine le motif sur un papier assez résistant – le papier calque convient très bien –, puis on pique de petits trous le long des lignes du dessin (il existe pour cela de petites roues dentées mais, jadis, on perçait les trous un par un avec une pointe). On place ensuite la feuille piquée à l'endroit où l'on veut reporter le motif et on passe dessus un feutre imprégné d'une poudre colorante ; cette dernière, en passant à travers les trous, laisse sur le support une trace bien visible, qu'on reprendra éventuellement à la main. Les feuilles à poncif se conservent et peuvent resservir un nombre illimité de fois. De nos jours, il est toutefois possible d'abréger considérablement le travail en projetant le dessin sur le mur à l'aide d'un banal rétroprojecteur, ce qui permet de le recopier rapidement. Avec un rétroprojecteur et une maquette en couleur, on peut même voir par avance l'effet final du trompe-l'œil.

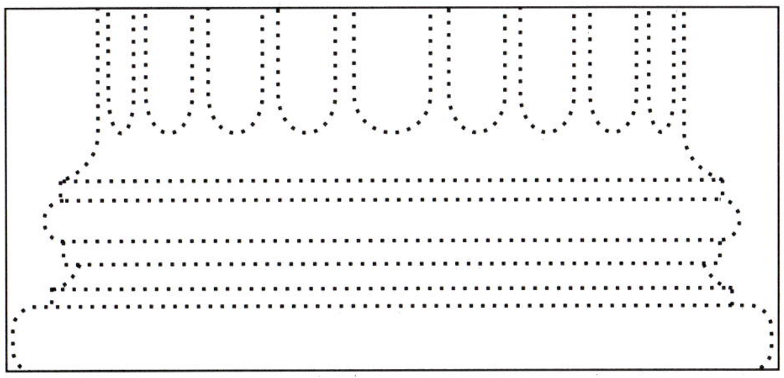

12

Avant de peindre des étagères en bois, il faut reporter puis masquer le dessin des objets qu'elles contiennent (ci-contre) ; sur une niche en maçonnerie claire, on peut se contenter de dessiner les objets dans un second temps (ci-dessous).

Ci-dessus : un dessin préparé pour la technique du poncif.

ILLUSIONS D'INTÉRIEUR

Dans des pièces percées de grandes baies, sur des cloisons qui séparent des salles communiquantes, sur de petites surfaces, il est préférable de réaliser un trompe-l'œil qui représente une bibliothèque ou des étagères remplies de bibelots plutôt qu'une fausse fenêtre. L'exécution de ce genre de trompe-l'œil d'intérieur suppose qu'on consacre beaucoup de temps à l'élaboration du projet, car tout ce qu'on montre sera en premier plan.

Pour obtenir un ensemble harmonieux, le choix des objets à représenter doit être mûrement réfléchi ; il convient d'y apporter le même soin que si l'on devait choisir de vrais bibelots à disposer dans une vraie vitrine. Pour dessiner ces objets, mieux vaut s'inspirer de photos ou de gravures. Par ailleurs, dans le cas d'une bibliothèque par exemple, l'imagination du décorateur peut s'exprimer aussi bien dans l'élaboration de la structure d'encadrement des rayonnages que dans le choix des objets ou des livres qui y seront placés.

Page ci-contre : trompe-l'œil de vieilles étagères abritant des pots à pharmacie protégés par un grillage en fer.
Sur cette page : divers objets représentés de manière suffisamment détaillée pour qu'on puisse les intégrer à un trompe-l'œil d'intérieur.

1 - Il faut tout d'abord dessiner la maquette. Si on veut peindre une bibliothèque qui descend jusqu'au sol, il est conseillé de remplacer les rayonnages du bas par des portes, car la perspective d'un objet vu d'en haut a tendance à beaucoup se déformer lorsque la distance de l'observateur varie. Il n'est guère possible d'aborder ici en détail toutes les règles qui permettent de modifier le dessin en fonction de la distance de l'observateur ; considérons donc comme acquis que, lorsqu'on réalise une maquette d'étagères en trompe-l'œil, une tablette de 30 cm de profondeur située à environ 1 m du sol devra avoir sur le dessin une dimension comprise entre 9 et 12 cm. La même maquette, en supprimant les tablettes, pourra d'ailleurs servir de modèle pour l'encadrement d'une fenêtre.

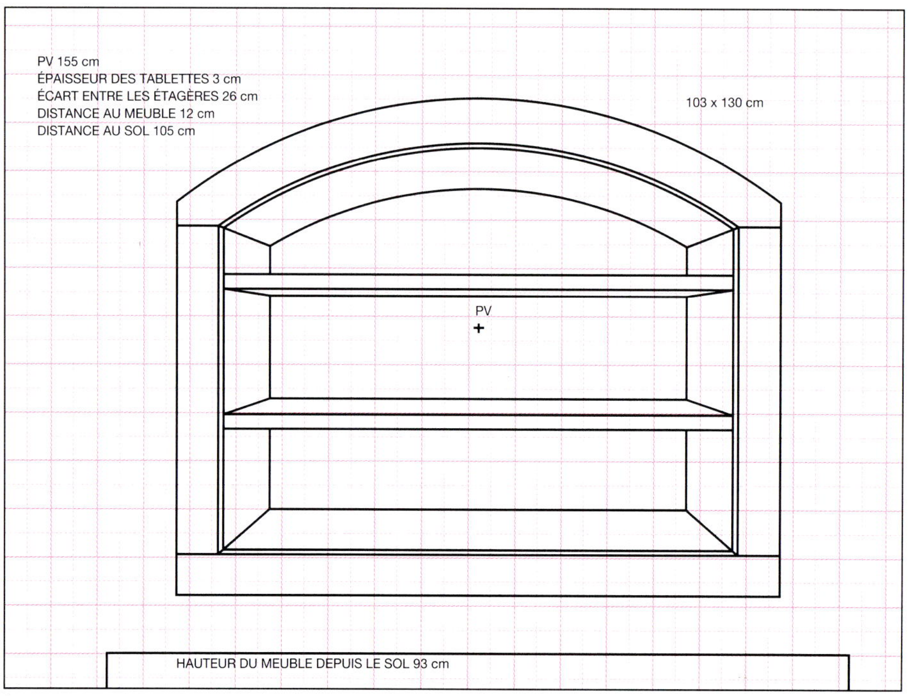

En haut : exemples de maquettes en couleur.
Le dessin ci-contre montre comment réaliser une maquette sur papier millimétré suivant les règles de la perspective.

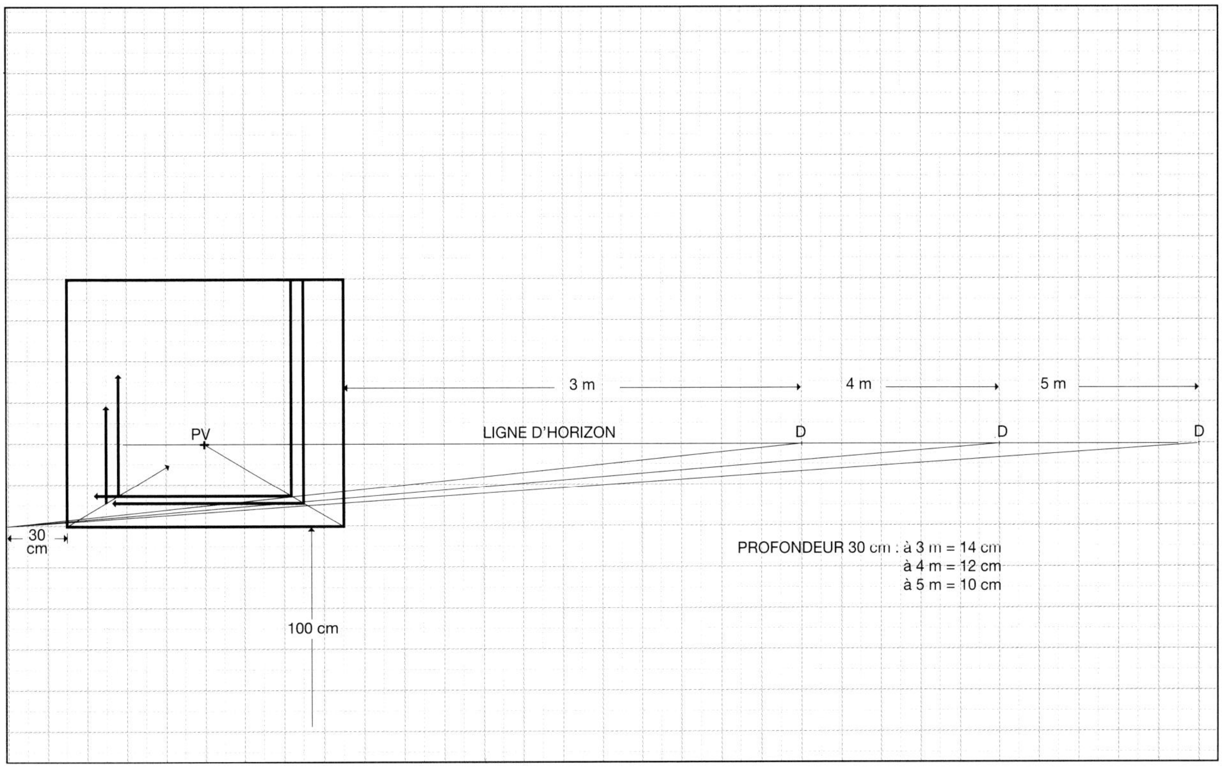

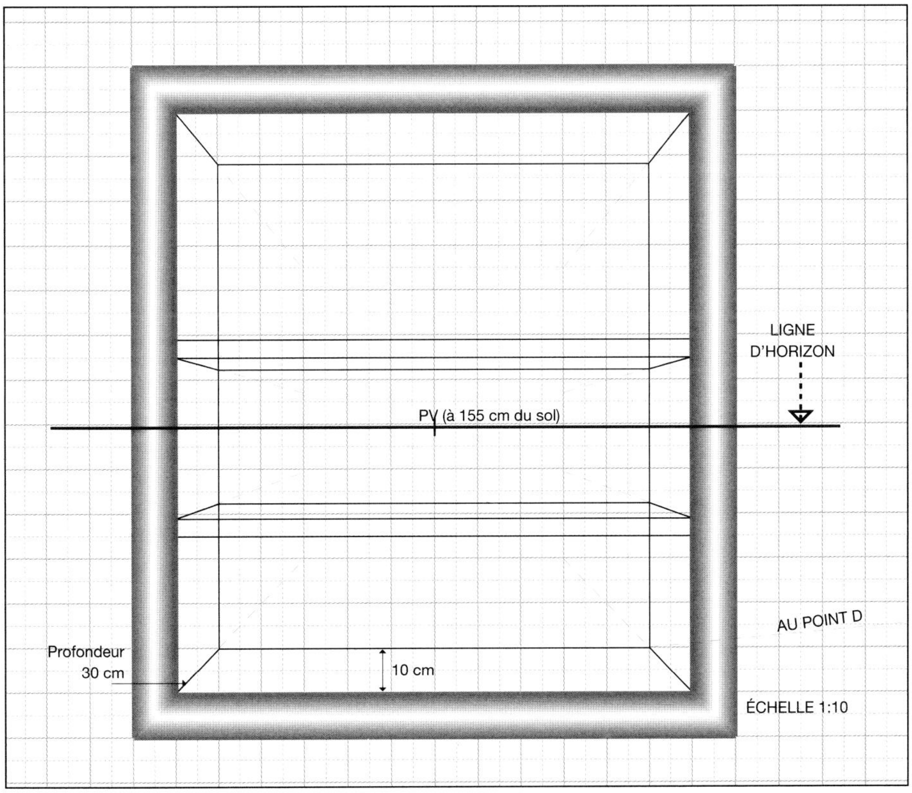

Illustration de la manière dont l'éloignement de l'observateur (D) fait varier la profondeur d'une étagère.
A gauche : maquette de rayonnages de 30 cm de profondeur vus à 3 m de distance.

2

2

3

3

3

2 - Après avoir dessiné les rayonnages et peint la structure du trompe-l'œil, on passe à l'exécution des bibelots (2b), qui auront été préalablement dessinés et masqués (2a).

Si l'on ne veut pas que les objets peints semblent flotter dans l'espace, il faut faire figurer leur ombre portée.

3 - L'étape suivante consiste à dessiner puis à peindre (3a) les ombres portées de chaque objet, sans quoi ceux-ci auraient l'air de flotter dans l'espace (3c).
En respectant l'orientation choisie pour les rayons lumineux au moment de peindre les ombres propres, on trace d'abord au crayon le contour de l'ombre portée de chaque élément (3b). Les matériaux photographiques fournissent à ce stade aussi une aide substantielle, car ils simplifient beaucoup l'étude des ombres. A défaut, une observation attentive de la réalité et quelques essais préalables peuvent toutefois permettre à un débutant de tracer des ombres « plausibles ». Pour les colorer, on emploie une peinture très diluée, obtenue en mélangeant une pointe de noir à de la terre d'ombre à laquelle on peut ajouter un peu de la couleur du fond sur lequel on peindra chaque ombre. Ne pas oublier de mouiller la surface avant d'appliquer la couleur (suivre la technique indiquée pour la grisaille).

A gauche : sur le fond de cette niche en trompe-l'œil, on a reporté le dessin des théières.
En bas : agrandissement du dessin d'une des théières.

1

Porcelaine

Il n'est pas indispensable de s'attaquer à des constructions perspectives complexes pour réaliser un trompe-l'œil d'un bel effet.

1 - Après avoir dessiné la structure de la niche, en recouvrir le fond d'une couche de blanc légèrement bleuté (semblable à la couleur de la porcelaine). A l'aide de papier graphite, reporter ensuite les contours des théières, en veillant à ce que celles-ci soient vues de hauteurs différentes puisqu'elles figureront sur des étagères différentes. Les décors de ces théières devront être tracés avec soin pour ne pas salir le support avec du graphite. Masquer ensuite au papier adhésif, puis peindre l'encadrement et les étagères sans oublier de moduler la couleur en fonction de l'éclairage.

2 - Avec une couleur assez diluée, peindre les décors des théières en utilisant chaque fois un pinceau à retoucher de taille appropriée.

3 - Préparer la couleur des ombres avec du noir et du bleu très dilués, puis commencer par peindre les ombres propres des théières, en respectant la même incidence de lumière que pour le fond de la niche et les étagères.
Dessiner enfin les ombres portées, qui seront peintes dans la même teinte que les ombres propres.

1

On peut varier à l'infini les motifs des théières : il suffit pour cela de s'inspirer de belles photographies ou de gravures de porcelaines anciennes.

2

2

3

Après avoir peint toutes les théières sur leurs étagères, on a ajouté les ombres portées, qui accroissent le réalisme de l'ensemble du décor (ci-dessous).
À droite : sans les ombres portées, la niche paraît plate.

Livres

Comme on l'a indiqué plus haut, si le fond de la bibliothèque est clair, presque blanc, on peut dessiner les objets après avoir peint l'ensemble des rayonnages.
Si l'on choisit par contre de représenter des étagères en faux bois ou d'une teinte autre que le blanc, il faudra, avant d'entreprendre la coloration des rayonnages, dessiner les objets puis les masquer au papier adhésif.

1 - Les livres doivent être dessinés en vraie grandeur, à l'aide d'un crayon sec et d'une règle, en commençant par leur dos. On trace ensuite les lignes de perspective correspondant à leur tranche supérieure, puis, afin de déterminer la longueur de celles-ci, on trace une perpendiculaire au point où les lignes de perspective inférieures coupent le bord interne de l'étagère.

2 - L'imitation des livres est un travail méticuleux qu'il convient d'effectuer d'une main sûre, en soignant minutieusement les détails.
Après avoir masqué chaque volume isolé ou, dans le cas d'une rangée, un volume sur deux, on prépare ses couleurs, en s'efforçant de prévoir des rapprochements harmonieux, et on les dilue.
On commence toujours par peindre le dos, en mouillant la surface avant de passer la couleur, qui doit surtout être appliquée à coups de brosse réguliers et ininterrompus.
Ensuite, à l'aide d'une brosse en soies n° 10 ou n° 12 propre et humide, on racle un petit peu la peinture du milieu avant qu'elle ne sèche, pour conférer d'emblée une certaine rondeur au dos du livre.

3 - Quand on a appliqué la teinte de base de chaque livre, on renforce la courbe du dos en repassant de la peinture sur les côtés (une teinte plus sombre, très diluée).
Puis, avec un pinceau à retoucher, on peint les titres et les décors des reliures et, pour finir, on fonce les espaces entre deux livres avec la même couleur que pour les ombres.

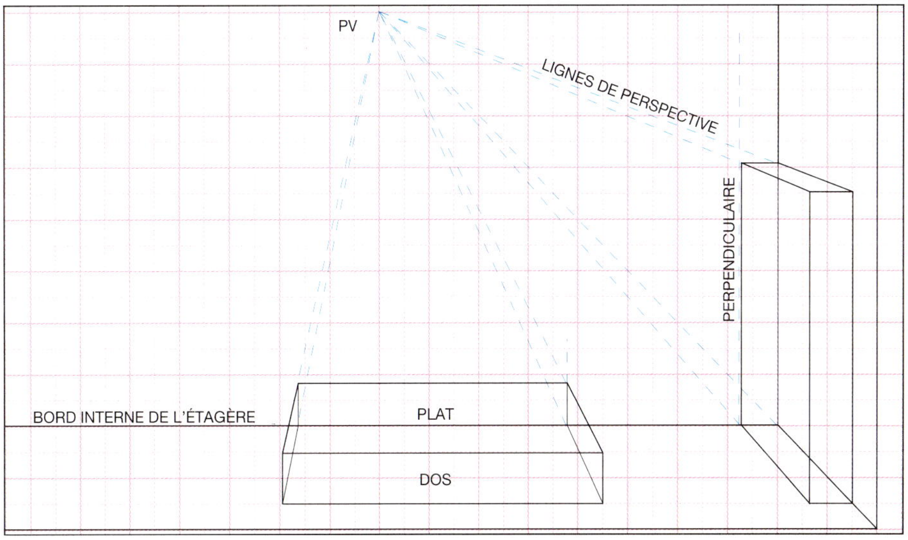

1

2

3

ILLUSIONS D'EXTÉRIEUR

Les trompe-l'œil qui représentent des éléments extérieurs aux pièces de la maison sont en général assez grands.
Pour les peindre, il est bon de protéger le sol et le mobilier avec des bâches en plastique ou du papier journal, et d'aménager près de la surface à décorer un plan de travail comportant, s'il s'agit d'un trompe-l'œil assez haut, une échelle et un petit chariot sur lequel disposer tout le matériel nécessaire.

1

1 - Quand on exécute un trompe-l'œil de paysage il faut, après avoir reporté le dessin sur le support, le peindre en commençant par les éléments les plus lointains pour terminer par les premiers plans. On doit regarder le dessin comme s'il était formé de niveaux de profondeur distincts, situés chacun à une distance différente de l'observateur. Dans tout trompe-l'œil d'extérieur, il devrait y avoir ainsi au moins quatre plans ou niveaux de profondeur.

2 - Comme on peut le voir sur les exemples présentés dans ce livre, les premiers plans se composent le plus souvent d'un objet posé sur un rebord de fenêtre. Pour choisir cet objet, l'exécutant ne doit pas se baser uniquement sur l'harmonie de la composition ; il doit aussi tenir compte de sa plus ou moins grande habileté picturale.
Par ailleurs, pour bien rendre l'éloignement d'un paysage ou d'une plante, il faut savoir que les variations dans l'emploi des couleurs et la gradation de la précision picturale entre les différents plans revêtent autant d'importance que les règles de la perspective linéaire. Par conséquent, en procédant par niveaux de profondeur, on ne risque pas de peindre

2

CE QU'IL FAUT

Matériel : brosses en soies de porc et en oreille de bœuf de tailles différentes, pinceaux en martre synthétique de tailles différentes, petites brosses plates, éponge, peintures à l'eau, terres, liant acrylique, ruban de masquage, photographies ou modèles pour les éléments du trompe-l'œil

trop en détail, ou avec des couleurs trop vives, un élément décoratif appartenant à un autre plan. Commencer par le dernier plan (le plus proche de l'horizon) est le meilleur moyen de ne pas se tromper : il suffira en effet de renforcer légèrement les couleurs et la précision du rendu à mesure qu'on change de niveau de profondeur.

3 - Pour indiquer les ombres des premiers plans, il faut essayer d'employer des valeurs différentes sur les zones à l'ombre et les zones éclairées. Lorsqu'il n'est pas possible de différencier d'emblée la coloration en fonction de la lumière (pour un vase en marbre ou une statue en plâtre, par exemple), on recourt à des glacis d'une teinte d'ombre. Ne pas oublier de dessiner aussi les ombres portées, sur le parapet ou l'appui de fenêtre. Pour les ombres des éléments les plus éloignés, utiliser dès le départ des tons différents sur les parties qui sont à l'ombre et sur celles qui reçoivent la lumière.

En haut : pour l'exécution des ombres, il vaut toujours mieux s'aider d'une photographie.

Ciel

Pour peindre un ciel, il faut employer des couleurs pâles et très diluées : on a besoin d'au moins trois tons en dégradé (ne pas oublier qu'à l'horizon, le ciel est toujours un peu plus clair).

1 - Masquer au ruban de papier adhésif les parties qu'on ne veut pas colorer, puis commencer à peindre le ciel.

3

1

Toujours mouiller le fond avant d'appliquer la couleur, pour ralentir le séchage et faciliter l'estompage des teintes. Les brosses doivent être propres et humides, et il faut les repasser plusieurs fois sur les zones de jonction entre deux couleurs pour fondre celles-ci l'une dans l'autre.

2 - Pour peindre des nuages, attendre que la couleur du ciel soit sèche puis appliquer, en estompant à l'éponge et au pinceau, deux ou trois nuances de blanc ; on parvient ainsi à rendre le volume

2

1

2

du nuage. Prendre soin de mouiller la surface avant d'appliquer la couleur.

Plantes et fleurs

Quand on a peint le ciel et les lointains, et avant de s'occuper des plantes du premier plan, on passe à la mise en couleur des arbres et des collines des plans intermédiaires. Préparer une palette de couleurs qui, mélangées le moment venu, permettront d'obtenir les différentes nuances de vert nécessaires.

1 - Pour réaliser des feuillages très denses, appliquer d'abord une couleur de base intermédiaire qui respecte la tonalité générale de la plante (il est toujours préférable d'en avoir une photographie ou un échantillon), puis prendre une petite

3

brosse plate en soies pour mieux définir le motif, par petites touches distinctes.

2 - Avec un ton nettement plus sombre, renforcer par endroits la coloration pour figurer les parties à l'ombre et, avec une valeur beaucoup plus claire, indiquer les lumières.
Pour peindre une plante dont le feuillage est clairsemé, employer un pinceau plus petit et des touches minuscules, en laissant entrevoir le ciel entre chaque coup de pinceau.

3 - Si les arbres sont représentés en entier, utiliser le ton clair et le ton foncé pour arrondir la masse du feuillage. Adopter la même technique pour les buissons : sur une teinte de base, appliquer à petites touches une valeur plus foncée pour créer

4

les zones d'ombre et donner forme à la plante puis, avec le ton le plus clair, indiquer les lumières.

4 - Pour représenter une plante grimpante proche du premier plan, peindre en vert sombre, à coups de pinceau décidés, les parties internes du feuillage (en veillant à ne pas déborder sur les corolles des fleurs précédemment dessinées si on ne les a pas masquées). Puis, avec un vert plus clair, colorer les feuilles du premier plan sans faire ressortir exagérément leurs nervures. Enfin, peindre les fleurs.

5 - Quand on peint une plante grimpante qui se trouve dans le lointain, la technique de base ne varie guère, mais il faut veiller à ne pas trop insister sur les détails : les fleurs devront apparaître comme de petits points de couleurs, de nuances diverses.

6 - Pour représenter des fleurs et des feuilles en premier plan, il est nécessaire d'employer plusieurs tons d'une même couleur. Ainsi, pour colorer une rose, il faudra utiliser un pinceau en martre synthétique de taille appropriée et choisir une valeur moyenne, une autre beaucoup plus foncée (pour les parties à l'ombre), et une beaucoup plus claire (pour les lumières). Fondre les tons les uns dans les autres : on ne doit pas voir les coups de pinceau.
Si on peint un bouquet de fleurs identiques ou qui sont toutes de la

5

7

6

même couleur, il est bon de varier un peu sur chaque fleur les nuances et le rendu des détails, pour bien faire ressortir les volumes de la composition.

7 - De même, pour une plante verte, mieux vaut ne pas rendre les détails avec la même précision sur toutes les feuilles : celles du fond et toutes celles qui se trouvent à l'ombre devront être plus sombres et moins fignolées.

La mer

Comme la mer peut revêtir les nuances les plus diverses, les trompe-l'œil représentant des paysages marins font généralement beaucoup d'effet, pour peu qu'ils s'insèrent dans un cadre qui leur soit adapté.

1 - Si l'on peint un paysage marin vu de loin, la technique d'exécution est la même que pour le ciel.
Penser à bien mouiller la surface à peindre avant d'appliquer les couleurs, pour pouvoir les mêler plus facilement les unes aux autres, et harmoniser la tonalité de l'eau avec celle du paysage (il est toujours préférable, en l'occurence, de s'inspirer d'une vue réelle ou, à défaut, d'une bonne photographie).

2 - La technique change quand la mer est vue d'assez près. Il faut alors attendre que la couleur de base soit bien sèche pour peindre, avec un pinceau de taille adéquate et une teinte très claire, presque blanche, un dense réseau de lignes qui s'entrecroiseront pour former les reflets sur l'eau.

3 et 3a - Pour représenter une piscine, préparer la couleur de l'eau dans deux tons différents et commencer par étaler uniformément à la brosse le plus clair, très dilué, non sans avoir au préalable soigneusement humidifié la surface.
Quand la première couche est sèche, prendre le ton plus foncé,

1

1

également très dilué, pour peindre les zones sombres comme autant de taches irrégulières. Attendre que la surface soit de nouveau sèche, puis repasser par endroits le ton le plus foncé, pour accentuer la profondeur de l'eau. Enfin, éclaircir la première teinte employée en lui ajoutant du blanc et, sans trop la diluer, s'en servir pour indiquer les lumières à l'intérieur des zones les plus claires.

4 - Pour les lacs et les fleuves, on choisit des teintes plus sombres, pour rendre les reflets verdâtres des plantes et les ombres sur les rives.
Ce travail est plus artistique que technique et nécessite l'emploi d'un plus grand nombre de couleurs si le plan d'eau est rapproché. Si le lac ou le fleuve sont vus dans le lointain en revanche, la technique est la même que pour la mer.

2

3

3a

4

Rideaux et tentures

Quand on intègre un rideau dans un trompe-l'œil, il convient de le dessiner avec précision, pli par pli.

1 - S'il s'agit d'un voilage, appliquer la couleur très diluée de telle sorte que le dessin reste visible, puis repasser une ou deux fois la même teinte pour arrondir les plis en utilisant un pinceau en martre plus petit.

2 - Insister entre les plis pour accentuer les ombres et la profondeur de chaque pli. Le cas échéant, avec un ton plus clair que celui qu'on a adopté comme couleur de base, placer quelques touches de lumière pour renforcer l'arrondi.

3 - Pour représenter des tentures plus épaisses, tracer ou reporter le dessin puis appliquer les couleurs de base en suivant les plis et les motifs du tissu. S'aider de ruban à masquer s'il faut que la ligne de démarcation entre chaque couleur soit nette, comme dans le cas des rayures.

4 - Préparer ensuite une teinte d'ombre. Il est toujours préférable de faire un essai avant de s'en servir.

5 - Avec un pinceau en martre synthétique de taille appropriée, peindre les ombres de manière à conférer de la profondeur et une certaine rondeur aux plis, en repassant le pinceau plusieurs fois partout où on veut les accentuer. Puis, avec un ton nettement plus clair, indiquer les lumières.

6 - La même technique peut être employée pour restituer le volume et la souplesse d'un ruban. Après avoir appliqué la couleur de base (en utilisant deux tons pour les courbes du nœud), accentuer avec la teinte d'ombre les plis et la coloration des parties non éclairées (6a).

1

2

3

4

5

Le jeu des ombres et des lumières a rendu très réalistes les plis de cette tenture.

6

6

Animaux

Coccinelles, papillons, lézards, autant d'animaux répandus dans nos jardins et qu'il peut être particulièrement amusant de représenter. Si le trompe-l'œil correspond au désir de créer l'illusion d'une réalité qui n'existe pas, y voir représentés des animaux familiers que nous côtoyons journellement peut grandement accroître cette illusion. On croit souvent pouvoir dessiner de mémoire un chien ou un chat, tant leur image semble bien imprimée dans notre esprit ; il est cependant toujours préférable de disposer d'une photo pour mieux saisir les nuances du pelage et l'expression de la tête.
Pour peindre de petits animaux, il faut utiliser des pinceaux très fins et avoir la main ferme. Avec les couleurs acryliques, il est extrêmement difficile de bien rendre la texture des poils, car la peinture sèche vite ; il faut donc faire preuve d'une grande rapidité.

1 - On commence par dessiner ou par reporter au papier graphite la silhouette de l'animal, puis on applique la couleur de base (la teinte la plus claire, ici un beige rosé ou grisâtre).

2 - Sur cette base, on dessine la tête de l'animal, les plis de son corps et, le cas échéant, les rayures de sa robe. Pour celles-ci, préparer la couleur en deux tons. Tremper une petite brosse ronde très dure (qu'on aura tapotée plusieurs fois sur le plat de la main pour en ouvrir les soies) dans la teinte correspondant à la sous-couche de poils, décharger l'excédent de liquide et peindre à petites touches en suivant le sens du poil (tel qu'on peut le voir sur la photo ou le dessin choisi comme modèle). Avec un autre pinceau

Pour peindre ce gecko et ce grillon en trompe l'œil, on s'est inspiré de livres sur la nature.

1

2

3

chargé, suivant les cas, d'un ton plus clair ou plus foncé, former des zébrures qui se superposent en partie aux précédentes, et continuer en faisant ainsi alterner les deux tons ; cela permettra de bien restituer l'impression de superposition des poils.
À l'aide d'une teinte d'ombre très diluée, renforcer les courbes de l'animal et colorer les parties non éclairées. Puis, avec un pinceau à retoucher et une valeur claire, peindre les zones qui reçoivent de la lumière.

3

3 - Si la robe comporte plusieurs nuances de tons, après avoir peint les zébrures dans les deux teintes de base, prendre un pinceau en martre n° 2 ou n° 3 pour appliquer les autres couleurs, en suivant toujours la même technique.
Enfin, avec une valeur très claire, peindre les extrémités des poils éclairés. La texture du pelage une fois rendue, employer ensuite une couleur très diluée pour indiquer les ombres portées et faire bien ressortir les traits de l'animal.

3

3

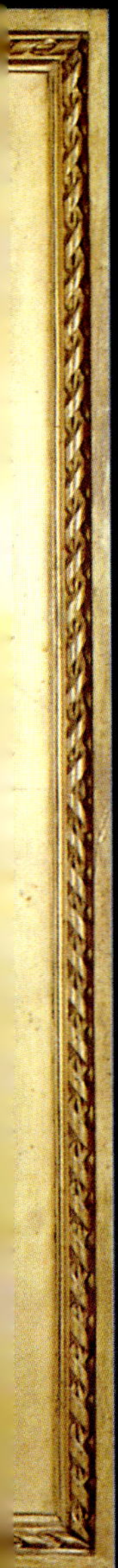

La dorure et l'argenture

La technique de la dorure consiste à appliquer sur une surface quelconque de l'or en poudre ou en feuilles. Elle a été largement utilisée dès l'Antiquité, en parallèle avec l'or massif. On a ainsi découvert des objets dorés à la feuille d'or de plus de 3 000 ans, comme le masque de Toutankhamon, pharaon de la XVIIIe dynastie égyptienne.

A des époques un peu plus récentes, le coût relativement bas de la dorure à la feuille a encouragé son emploi pour embellir des stucs et des éléments architecturaux dans des églises ou des palais. A l'heure actuelle, cette technique sert surtout à enrichir de beaux cadres ou à réaliser certaines finitions et décorations particulières.

Pour devenir un bon doreur, il faut acquérir beaucoup d'expérience et maîtriser des techniques très spécifiques comme l'emploi du blanc de Meudon ou du bol d'Arménie. Cependant, pour réaliser des dorures d'un bel effet sur des matériaux bon marché, il suffit d'utiliser la feuille métallique couleur d'or, moins onéreuse que la feuille d'or pur mais aussi, dans la mesure où elle est beaucoup plus lourde, plus facile d'emploi. Si on la patine bien, elle permet déjà d'obtenir d'excellents résultats. Il suffit alors d'appliquer les techniques de la dorure à la mixtion et de la dorure à l'apprêt extrêmement simplifiées.

En ce qui concerne l'argenture, il faut savoir que l'argent ne s'utilise habituellement pas à l'état pur, mais en divers alliages avec l'or, le zinc, le cuivre, l'aluminium, etc. Ce métal est l'un des plus anciennement connus et, jadis, on s'en servait aussi souvent pour réaliser de fausses dorures, plus économiques que les vraies. En effet, quand on vernit plusieurs fois un objet argenté à la gomme-laque, il acquiert la chaude couleur jaune de l'or.

Ci-dessus : on a doré ce petit cadre en stuc pour l'adapter à un tableau ancien.
Page ci-contre : un vieux cadre en bois redoré à la feuille métallique en simili or.

DORURE

Pour exécuter une dorure, il faut se munir d'une série d'outils et de produits qu'on ne trouve que dans les magasins spécialisés.

Préparation du fond

La surface à dorer doit être parfaitement lisse et propre.
Si on utilise de la feuille d'or, il faut d'abord recouvrir le fond de nombreuses couches de blanc de Meudon délayé dans de la colle de peau de lapin. Pour réaliser une dorure en fausse feuille d'or sur du bois, il suffit en revanche d'appliquer trois couches d'impression à l'huile. Quand le fond a séché, on le ponce bien, au papier abrasif n° 240 puis au papier imperméable n° 600. On l'essuie enfin avec une éponge humide.
Pour simuler la couleur rouge du bol d'Arménie employé dans les dorures orthodoxes, on peut appliquer une couche de peinture acrylique ocre rouge, qu'on mélangera le cas échéant avec un peu d'ocre, de jaune et de blanc pour obtenir une teinte plus claire, ou bien avec de la terre d'ombre si on préfère une coloration plus foncée. Après séchage, si nécessaire, poncer rapidement au papier abrasif pour éliminer les éventuelles imperfections.
Le bol d'Arménie est une argile rougeâtre et très grasse qui, mêlée à de la colle de peau de lapin, permet d'obtenir des surfaces très brillantes sur lesquelles les vraies feuilles d'or adhèrent sans risque de rupture. On trouve de nos jours dans le commerce une préparation équivalente sous le nom d'« assiette à dorer ».
Rappelons à ce propos que, lorsqu'on emploie de la feuille d'or, il faut impérativement travailler dans une pièce sans courants d'air ni poussière, pour éviter que les feuilles s'envolent ou que des grains de poussière provoquent des déchirures lors du brunissage.
Pour dorer des objets en plâtre ou en terre cuite, on prépare le fond comme indiqué précédemment avant d'appliquer l'ocre rouge ; il est conseillé d'employer une brosse en oreille de bœuf qui, étant très souple, ne laissera pas de marques de poils.

CE QU'IL FAUT

Couleurs :
1 - blanc, 2 - ocre rouge, 3 - ocre, 4 - terre d'ombre

Matériel :
petit coussin spécial en daim, couteau à dorer, feuilles en simili-or ou -argent, palette en petit-gris, brosses plates en oreille de bœuf n° 8, n° 20 et n° 40, brosse ronde en oreille de bœuf n° 8, brosse plate en soies n° 10, impression à l'huile, papier abrasif (n° 240 environ, et n° 600), mixtion ou l'un des apprêts suivants : gomme-laque, gomme arabique, colle de peau de lapin

En haut et ci-dessus : matériel et produits nécessaires pour la dorure.

En bas : l'assiette à dorer permet d'obtenir des surfaces particulièrement brillantes ; on peut la remplacer par une couche de peinture ocre rouge plus ou moins foncée.

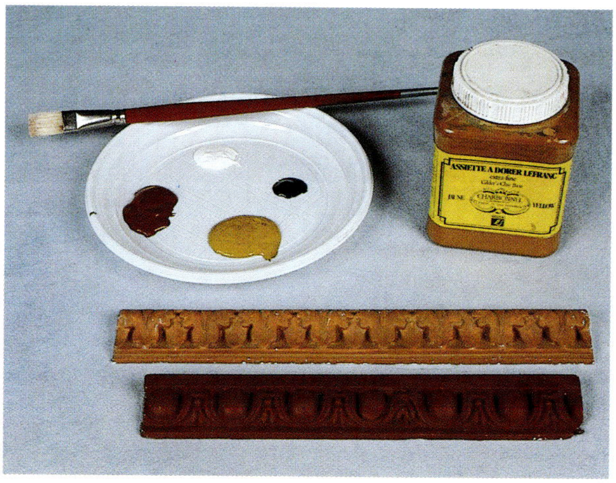

1 2 3 4

1

2

L'étape suivante consiste à appliquer l'adhésif. Pour ce faire, il existe deux techniques : l'une fait appel à une mixtion, l'autre à un apprêt à base d'eau.

Dorure à la mixtion. Les mixtions sont des vernis dotés de caractéristiques particulières. En théorie, presque tous les vernis à l'huile ou synthétiques pourraient servir de mixtion mais, pour garantir l'inaltérabilité des feuilles métalliques, il est nécessaire d'employer des produits parfaitement neutres et sans soufre. On en trouve un grand nombre dans le commerce, classés en fonction du temps d'attente entre l'application de la mixtion et celle de la feuille (1/4 d'heure, 3 heures, 12 heures ou davantage). Les mixtions à 1/4 d'heure, qui sont vinyliques ou acryliques, doivent être diluées à l'eau tandis que pour les autres, qui sont à base d'huile, on emploie la térébenthine ou le white-spirit. Ce point est important car, chaque fois qu'on veut accélérer le temps de séchage d'un vernis, il suffit de le diluer.

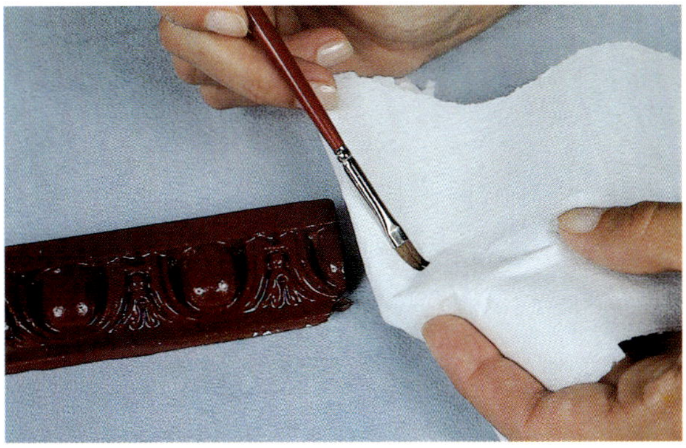

3

1 - Pour passer ce type de vernis, il faut employer une brosse en oreille de bœuf à poils assez longs. On commence par le haut, et on applique la mixtion de manière uniforme sur toute la surface à dorer.

2 - Si des accumulations de produit se forment dans les rainures ou sur les parties inférieures de l'objet, on peut retirer l'excédent à l'aide d'un pinceau propre qu'on déchargera périodiquement sur de l'essuie-tout.

3 - Laisser sécher dans un endroit sec et bien aéré, mais non ventilé et à l'abri de la poussière. La mixtion est prête lorsque, caressée du doigt, elle émet un crissement caractéristique : dans le jargon du métier, on dit qu'elle est « amoureuse ». A ce stade, le vernis n'est ni trop frais ni trop sec, mais colle juste ce qu'il faut pour permettre à la feuille de bien adhérer au fond.

Dorure à la détrempe. Dans cette technique, on utilise un apprêt à la place de la mixtion. On nomme apprêts tous les enduits à base d'eau qui, contrairement à la mixtion, gonflent ou se dissolvent chaque fois qu'on les trempe, même après séchage. Il est donc relativement facile d'enlever une dorure ainsi exécutée : il suffit de l'essuyer avec une éponge humide. Naturellement, la dorure à la mixtion est plus résistante que la dorure à l'apprêt, mais cette dernière peut se révéler très utile pour effectuer de petites retouches ou de petites décorations, pour dorer du papier ou du parchemin, quand on dispose de peu de temps ou, simplement, quand on n'a pas de mixtion sous la main. Quoi qu'il en soit, en protégeant le travail de manière adéquate (voir la partie sur les finitions), ce type de préparation se révèle en général suffisamment résistant.
Il existe de nombreux apprêts, mais nous n'examinerons ici que les plus simples, en tenant compte notamment de la facilité avec laquelle on peut se procurer les matériaux nécessaires. Il convient de préparer ces apprêts au fur et à mesure, car ils ne se conservent guère plus de deux ou trois jours au réfrigérateur.

Apprêt à la colle. On commence par laisser gonfler dans de l'eau pendant une nuit des grains de colle de peau de lapin, dans la proportion de 1:10. Quand la solution a pris un aspect gélatineux, on la fait fondre au bain-marie sans la porter à ébullition ; elle doit être maintenue tiède pendant toute la durée de l'application, sans quoi elle redevient gélatineuse et inutilisable.

Apprêt à la gomme arabique. On l'achète tout prêt ou on le fabrique soi-même, en faisant dissoudre dans de l'eau, au bain-marie, de la gomme arabique en poudre dans la proportion de 1:3 ou 1:4. On peut employer cet apprêt froid car il ne durcit pas.

Apprêt à la gomme-laque. Là encore, on peut l'acheter tout prêt ou sous forme de paillettes, qu'il faudra cette fois faire dissoudre dans de l'alcool (cette substance n'est pas soluble dans l'eau) dans la proportion de 1:10. Cet apprêt se conserve longtemps pour peu que ce soit dans un bocal bien fermé.

La dorure à l'apprêt est une opération assez rapide, mais une certaine maîtrise et un minimum d'expérience sont nécessaires pour obtenir de bons résultats.
En commençant toujours par le haut, on applique l'apprêt à l'aide d'un pinceau en oreille de bœuf, pas trop chargé pour éviter les coulures. Comme ces produits sèchent très vite, il faut procéder par zones : on cesse de temps à autre d'appliquer l'apprêt pour poser les feuilles.
Il est conseillé de faire alterner les zones traitées avec des espaces vides qui seront remplis par la suite, pour éviter que le pinceau humide abîme la feuille qu'on vient de poser avant que l'apprêt ait eu convenablement le temps de prendre.

4

5

Pose des feuilles

Après avoir préparé le fond suivant l'une des méthodes indiquées plus haut, on peut appliquer les feuilles.

Dorure en simili-or. Le simili-or, ou or bronze, est un alliage composé en grande partie de cuivre associé à d'autres métaux comme le zinc et l'étain. On le trouve dans le commerce sous forme de grandes feuilles, d'un jaune plus ou moins foncé par rapport à celui de l'or véritable ; cette couleur a toutefois tendance à s'altérer à cause de l'oxydation due à l'exposition à l'air, ce qui peut être gênant. Outre leur coût inférieur, les feuilles en simili-or sont beaucoup plus résistantes et épaisses que les vraies feuilles d'or ou d'argent, ce qui les rend moins sujettes aux déchirures et aux plis, et donc particulièrement adaptées pour les débutants.

4 - Après s'être soigneusement lavé et séché les mains, on pose délicatement une feuille sur le petit coussin à dorer. Si l'objet à traiter comporte de nombreux reliefs ou creux, il est préférable de couper, à l'aide du couteau à dorer, des morceaux assez petits, pour qu'ils épousent mieux les formes qui doivent être recouvertes. De toute façon, même pour les surfaces planes, mieux vaut que les morceaux ne soient pas trop grands.

5 - Quand on travaille sur de la mixtion, après avoir posé la feuille, bien à plat si possible, on la presse délicatement, à l'aide d'une brosse plate en oreille de bœuf, pour la faire adhérer complètement à son support.
Lorsqu'on a recouvert la totalité de la surface à dorer, on brosse celle-ci avec un pinceau en soies pour éliminer les résidus de poussière métallique, qui pourront ensuite servir à masquer d'éventuelles lacunes.
Enfin, pour fignoler le travail, on repasse la brosse en oreille de bœuf en appuyant un peu de manière que la feuille s'aplatisse bien, perdant ses plis et ses imperfections.
Si on travaille sur un fond préparé à l'apprêt, en revanche, il ne faut pas toucher les feuilles qu'on a posées tant que l'apprêt reste humide, autrement on risquerait de les déchirer ou de les faire glisser. On améliore leur adhérence au fond en soufflant dessus puis en passant, aussitôt après, une brosse en oreille de bœuf. Si des lacunes apparaissent, on peut y remédier en répétant l'opération.

1

2

ARGENTURE

Pour argenter des objets, les indications fournies à propos de la dorure restent valables en ce qui concerne la préparation du fond et le choix entre apprêt et mixtion. Il est en revanche indispensable de prendre des précautions particulières lorsqu'on manipule les feuilles d'argent.

1 - L'argent s'achète dans le commerce sous forme de petites feuilles. Comme l'or, il s'agit d'un métal très ductile, ce qui permet de le réduire en feuilles très minces, trop délicates pour être touchées avec les mains.

2 - Il faut donc saisir ces feuilles et les déplacer à l'aide d'une palette spéciale, en petit-gris. On électrise les poils de la palette en les frottant sur les cheveux de la nuque ou du front, après quoi il suffit d'approcher l'instrument du bord de la feuille pour que celle-ci y adhère. On dépose alors la feuille sur le coussin à dorer pour la couper, puis – toujours avec des gestes lents et délicats, car le moindre déplacement d'air suffit à faire voler les feuilles – on reprend les morceaux un par un avec la palette, et on les applique sur la surface à argenter.

3

3 - Pour faire adhérer les feuilles au support, on passe ensuite délicatement dessus une brosse en oreille de bœuf.

4 - Si on termine par quelques applications de

4

Réchaud pour préparer la colle de peau de lapin.

1

2

3

3a

gomme-laque, les feuilles prendront une teinte dorée.

Finitions

Quand on a fini de poser les feuilles, il reste à protéger le travail. S'il est indispensable de vernir les dorures à l'apprêt, on peut s'en passer pour les travaux à la mixtion, déjà en soi assez résistants.

1 - Sur la chaude couleur jaune des feuilles en simili-or, il est préférable d'employer une ou deux couches de vernis gras légèrement dilué. Pour l'argent, il est en revanche conseillé d'adopter un vernis à l'eau absolument incolore.

2 - Si le fond a été préparé à l'apprêt, il faut faire très attention au moment de passer la première couche de vernis à l'eau : on risque en effet de dissoudre l'apprêt (sauf s'il est à la gomme-laque) et donc d'abîmer le travail effectué.
Pour conférer à l'objet un aspect ancien, on pourra, avant de le vernir, poncer légèrement au papier abrasif n° 400 ou 600 ses parties les plus exposées à l'usure.

3 et 3a - Après avoir verni, on peut appliquer au pinceau un produit à patiner qu'on estompera ensuite à l'aide d'un bout de chiffon (3a), en veillant à laisser davantage de patine dans les rainures, pour parfaire l'illusion.

Ce petit bas-relief en plâtre (ci-dessous) a été doré puis vieilli à la patine.

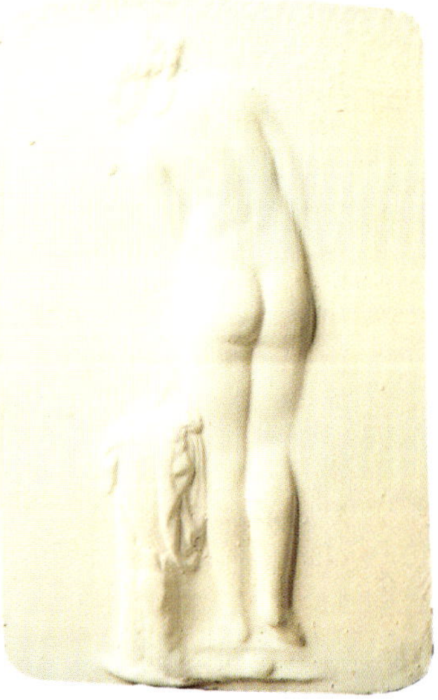

Glossaire

Acétate. Matière transparente ou semi-transparente qu'on utilise en feuilles pour réaliser des pochoirs.

Adoucir. Atténuer une teinte pour qu'elle se fonde en partie ou totalement avec les autres.

Aplat. Teinte plate, unie.

Argenture. Application de fines feuilles d'argent sur une surface préalablement traitée avec un adhésif.

Assiette à dorer. Mélange d'argile colorée et de colle de peau de lapin qu'on applique parfois sur un objet avant dorure ou argenture.

Baroque. Style artistique né vers la fin du XVIe siècle, qui exalte l'émotivité par des effets de couleurs et de rythme.

Blaireau. Pinceau en poils de blaireau avec lequel on estompe les couleurs pour obtenir des effets de fondu ; on l'utilise surtout pour réaliser des faux bois.

Blanc de Meudon. Variété très fine et très pure de craie (carbonate de calcium), aussi appelée blanc d'Espagne.

Bouche-pores. Enduit opaque ou transparent utilisé pour protéger le bois en obturant ses pores.

Brunissage. Opération qui consiste à polir par frottement un objet ou une surface métallique.

Camaïeu. Peinture faisant exclusivement appel à des tons différents (c'est-à-dire plus ou moins clairs ou foncés) d'une même couleur.

Céruse. Pâte colorante blanche utilisée pour faire ressortir les veines du bois. Il s'agissait à l'origine de carbonate de plomb, mais il a été remplacé par d'autres pigments en raison de sa toxicité.

Chiqueter. Créer à la brosse ou à l'éponge des taches irrégulières à travers lesquelles la couche de fond transparaît plus ou moins.

Cire vierge. Cire naturelle, produite par les abeilles. On s'en sert pour protéger et faire briller les surfaces décorées.

Colle de peau de lapin. Substance animale utilisée en dorure pour préparer certains apprêts.

Cordeau enduit. Fil imprégné d'une substance colorante qui sert à tracer des lignes droites.

Corniche. Ensemble de moulures situées entre les murs et le plafond d'une pièce. Jadis réalisées sur place, les corniches sont aujourd'hui préfabriquées.

Couleurs acryliques. Couleurs permanentes à séchage rapide.

Couleurs primaires. Couleurs fondamentales qui, mélangées en proportions diverses, donnent naissance à toutes les autres. Les couleurs primaires sont le rouge, le jaune et le bleu ; en les combinant deux à deux, on obtient les couleurs secondaires.

Couleurs secondaires. Les six couleurs résultant du mélange de deux couleurs primaires.

Country. Style de décoration rustique, caractérisé par des motifs simples et répétitifs.

Coussin à dorer. Petit coussin garni de peau de veau suédée qu'on emploie en dorure pour déplacer et couper les feuilles d'or sans les abîmer.

Couteau à dorer. Couteau bien équilibré conçu pour couper les feuilles d'or.

Dorure. Application d'une mince couche d'or pour enrichir une surface ; cette technique s'emploie notamment sur les cadres de tableau.

Éponge naturelle. Substance constituée par les restes d'un animal marin ; on s'en sert entre autres pour exécuter des chiquetés et des dépouillés à l'éponge, dans les faux marbres en particulier.

Essence de térébenthine. Solvant de haute qualité tiré de la résine de certains arbres ; on l'utilise pour diluer les peintures et vernis à l'huile ou pour nettoyer les pinceaux.

Fil à plomb. Fil à l'extrémité duquel est attaché un poids ; il permet de contrôler l'aplomb des lignes verticales.

Filets. Traits horizontaux ou verticaux d'épaisseur variable, qui servent à encadrer un motif pour le mettre en valeur.

Fixateur. Préparation qui isole et stabilise les fonds friables comme les murs en plâtre, fournissant un support adapté pour recevoir d'éventuelles autres couches de peinture.

Fond. Substance qu'on applique sur une surface à décorer pour la rendre moins absorbante et plus facile à peindre ; ou bien, surface sur laquelle se détache un motif ou qui transparaît sous un glacis ; ou encore, plan éloigné d'un paysage.

Fresque. Technique de peinture murale dans laquelle on applique des pigments délayés à l'eau sur un fond d'enduit frais.

Frisette. Fine planche de bois utilisée dans les lambris.

Glacis. Couche de peinture très diluée laissant voir par transparence le fond sur lequel elle est appliquée.

Gomme-laque. Résine sécrétée par un insecte. Soluble dans l'alcool, elle sert à fabriquer des vernis.

Grisaille. Peinture décorative monochrome qui reproduit des éléments architecturaux ou des sculptures. Parfois utilisée dans les trompe-l'œil, elle est généralement exécutée dans un camaïeu de gris ou de brun, mais on peut employer n'importe quelle autre couleur.

Grotesques. Décor mural caractérisé par de petits motifs à base d'arabesques et de figures fantastiques.

Huile de lin. Huile végétale de couleur jaune ; c'est l'un des principaux ingrédients de la patine au vernis bitumineux.

Impression. Type de peinture blanche particulièrement couvrante, à l'huile ou à l'eau, qu'on applique en guise de sous-couche pour stabiliser et unifier les fonds de décorations particulières.

Intensité lumineuse. Terme employé pour indiquer la quantité de blanc contenue dans une couleur, c'est-à-dire son caractère plus ou moins clair ou foncé. Des couleurs différentes peuvent avoir la même intensité lumineuse.

Laine d'acier. Abrasif composé de fils d'acier très fins, disponible en plusieurs épaisseurs. Les types les plus grossiers sont appelés « paille de fer ».

Lambris. Revêtement de mur assez mince, généralement en bois mais parfois aussi en plâtre, en pierre, etc.

Liant. Toute substance liquide propre à assurer la dispersion correcte de pigments en poudre pour former une peinture. On parle également de *médium*.

Masquage. Procédé consistant à recouvrir des parties qui ne doivent pas être colorées par une protection (généralement du ruban de papier crêpe adhésif) destinée à être retirée après application de la peinture.

Mastic. Matériau de revêtement des murs ou du bois, utilisé pour colmater les petits trous et crevasses.

MDF. (Abréviation de *Medium Density Fibreboard* : panneau de fibres de moyenne densité.) Matériau constitué de fibres de bois mélangées à un adhésif et soumises à une forte pression. Vendu sous forme de panneaux particulièrement lisses, il peut être travaillé comme du vrai bois.

Médium. Synonyme de liant.

Mise au carreau. Méthode qui consiste à dessiner une grille régulière sur un dessin pour l'agrandir ou le réduire plus aisément, ou bien pour le transférer sur un mur ou un sol.

Mixtion. Vernis employé comme adhésif en dorure. On en trouve plusieurs types dans le commerce, avec des temps de séchage différents.

Motif. Élément décoratif employé de manière répétitive dans une composition ou un dessin ; thème d'une décoration.

Moulure. Ornement linéaire en relief ou en creux, comme ceux des cadres et corniches en stuc ou en bois.

Néo-gothique. Style architectural né à la fin du XVIIIe siècle, caractérisé par une réélaboration de formes architecturales typiques de l'architecture gothique médiévale.

Niveau à bulle. Instrument comportant un cylindre en verre partiellement rempli d'un liquide, où la position de la bulle d'air permet de contrôler l'horizontalité d'une surface ou d'un trait.

Or en feuilles. Or laminé en feuilles extrêmement minces (0,0001 mm d'épaisseur), utilisé en dorure.

Palette à dorer. Instrument formé d'une rangée de poils de petit-gris (une espèce d'écureuil) pincée entre deux plaques de carton. Elle sert à happer les feuilles d'or et d'argent.

Papier abrasif. Papier recouvert de grains plus ou moins fins de poussière de silex ou d'autres substances dures, et qui sert à poncer ou polir. Les plus courants sont les papiers de verre ; d'autres sont imperméables et doivent être utilisés mouillés.

Papier bulle. Papier brun épais parfois employé pour fabriquer des pochoirs.

Papier calque. Papier translucide qui permet de copier aisément un dessin pour le transférer sur un autre support.

Papier graphite. Papier revêtu sur l'une de ses faces de poudre de graphite ; on l'emploie à la place du papier carbone, qui est indélébile.

Passe. Chaque application de peinture obtenue en un seul geste.

Patine. Substance colorante dont on recouvre les meubles et les peintures pour leur donner un air ancien.

Peigne. Outil muni de dents, en bois ou en plastique, qui permet d'imiter les veines du bois. On peut aussi le fabriquer soi-même en carton rigide.

Peinture à l'encaustique. Procédé de décoration murale employant des pigments mélangés à de la cire chaude.

Peinture acrylique. Peinture émulsion obtenue par dispersion de pigments dans un latex synthétique. Diluable à l'eau, elle sèche rapidement ; après séchage, elle devient imperméable.

Peinture murale. Décor peint sur un mur.

Perspective. Ensemble de règles permettant de représenter des volumes sur une surface à deux dimensions. La *perspective aérienne* crée une sensation d'espace et de profondeur par l'emploi de tons clairs et de couleurs atténuées et froides pour les objets lointains ; la *perspective linéaire* donne une impression de tridimensionnalité sur une surface plane au moyen de lignes convergeant vers des points de fuite.

Pigment. Substance colorante employée dans la fabrication des peintures.

Pinceau en martre. Pinceau d'artiste de haute qualité, fabriqué avec des poils de cet animal. Il existe maintenant des pinceaux de fausse martre en fibres synthétiques, d'un prix de revient beaucoup moins élevé et qui donnent d'excellents résultats.

Pochoir. Plaque évidée qui permet de reproduire aisément un motif complexe en passant dessus une brosse chargée de peinture.

Point de fuite. Point vers lequel semblent converger deux lignes parallèles perpendiculaires à l'horizon.

Poncif. Support rigide, le plus souvent en carton, portant un dessin piqué de trous que l'on utilise pour transférer un motif sur une surface à décorer en passant dessus une poudre – appelée ponce – en feutre ou en sachet.

Rehaut. Touche claire indiquant le point d'incidence de lumière, pour accentuer le relief.

Repères. Marques permettant d'aligner convenablement les pochoirs lorsqu'on emploie plus d'une couleur pour un même motif ou qu'on réalise une bordure avec un même motif répété plusieurs fois.

Rococo. Style décoratif né en France vers le début du XVIIIe siècle, caractérisé par des formes fluides et incurvées et par des ornementations délicates.

Siccatifs. Produits qui accélèrent le séchage des préparations à base d'huile.

Solvant. Liquide utilisé pour dissoudre ou diluer des peintures et vernis ; l'essence de térébenthine et le white-spirit sont des solvants pour peintures à l'huile.

Sous-couche. Première couche de peinture, qu'on applique dans la plupart des techniques décoratives pour améliorer le fond ; parfois synonyme de couche d'impression.

Stuc. Enduit à base de plâtre, de colle et de poussière de marbre, qui sert notamment à réaliser des bas-reliefs et des ornements architecturaux.

Support. Toile, papier, bois ou tout autre matériau sur lequel on réalise une décoration.

Ton. Gradation d'une couleur donnée, notamment en fonction de la proportion de blanc.

Trompe-l'œil. Peinture conçue pour donner à l'observateur l'illusion qu'il se trouve face à une scène ou un objet en trois dimensions.

Valeur. Degré de luminosité d'une couleur ; les principales valeurs sont claire, moyenne, foncée.

Veinette. Brosse en crin employée par les décorateurs pour imiter les veines du bois.

Vernis. Substance qui, appliquée sur une surface propre ou un décor peint, forme un film protecteur transparent. Les vernis peuvent être gras (à base d'huile) ou maigres (à base d'eau ou d'essence) et d'aspect mat, satiné ou brillant.

White-spirit. Solvant minéral utilisé pour nettoyer les pinceaux et diluer les peintures et vernis à l'huile.

Les réalisations présentées dans ce volume sont l'œuvre des membres fondateurs de l'association et de plusieurs autres membres et élèves. En particulier :
Emanuela Bongianni et Daniela Urbinati, pages 106, 160, 168, 169 ;
Mariange Grabau, pages 64, 90, 133 ;
Susanna Montagna et Federica Tedesco, pages 73, 111, 113 ;
Piero Pietracci, page 146 ;
Marisa Rossi, pages 44, 68, 135.